谢军
国际象棋教程

谢军 著

U0126097

人民邮电出版社

北京

图书在版编目（CIP）数据

谢军国际象棋教程. 从十五级棋士到十一级棋士 / 谢军著. -- 北京：人民邮电出版社，2023.10
ISBN 978-7-115-61057-7

Ⅰ．①谢… Ⅱ．①谢… Ⅲ．①国际象棋－教材 Ⅳ. ①G891.1

中国国家版本馆CIP数据核字(2023)第023916号

免责声明

内 容 提 要

国际象棋是世界上最流行的智力运动项目之一，融汇了人类历史的文明精华，是行之有效的教育工具。孩子学下国际象棋，不仅可以有效开发智力、启迪思维，还能养成胜不骄、败不馁的坚韧品格。

本书是世界国际象棋联合会副主席、中国首位"世界棋后"谢军编写的"谢军国际象棋教程"系列中的第二本，按照十五级棋士至十一级棋士的水平要求编写，细致讲解了国际象棋的进攻策略、子力的兑换、重子杀王、理论和棋和开局原则。通过对本书的学习，读者可以掌握从十五级棋士到十一级棋士应具备的国际象棋基础知识与技术。

- ◆ 著　　　　谢　军
　　责任编辑　裴　倩
　　责任印制　马振武

- ◆ 人民邮电出版社出版发行　　北京市丰台区成寿寺路 11 号
　　邮编 100164　　电子邮件 315@ptpress.com.cn
　　网址 https://www.ptpress.com.cn
　　北京瑞禾彩色印刷有限公司印刷

- ◆ 开本：700×1000　1/16
　　印张：7.25　　　　　　　　　　2023 年 10 月第 1 版
　　字数：151 千字　　　　　　　　2023 年 10 月北京第 1 次印刷

定价：49.80 元（附小册子）

读者服务热线：(010)81055296　印装质量热线：(010)81055316
反盗版热线：(010)81055315
广告经营许可证：京东市监广登字 20170147 号

前　言

　　会下棋与下好棋之间的距离有多远？可能这是很多棋艺爱好者百思不得其解的问题。从完全不会下棋到能够独立对局的学习过程中，棋艺爱好者几乎随时随刻都在迎接新的挑战，几乎每时每刻都能体会到进步的欣喜。不过，在会下棋到下好棋的过程中，棋艺爱好者反而会时不时地感到自己还有太多的棋艺知识不了解、没掌握，意识到需要系统学习才能成为真正的高水平棋手。

　　本书面向十五级到十一级棋士水平的国际象棋爱好者，读者翻开本书便开启了棋手技战术学习和棋艺水平提升道路的第一次征程。在基础知识板块里，本书着重介绍确定攻击目标、思考方法、行动的主导思路和子力兑换原则；在技战术部分，本书浅显地介绍了开局原则和残局的基础知识。随着知识难度的提升和棋艺知识面的扩充，棋手学习过程中可能会感到，有的知识自己接受得很快，有的部分则感觉进入状态比较慢，这些现象随着棋手棋艺水平的提高将会得到很好的改善。

　　新知识、新挑战、新局面是国际象棋的奥妙所在。牢固掌握相关基础知识，对棋手打牢棋艺基本功非常重要。棋手要想提高对局水平，就要一步一个脚印地学习，扎扎实实在棋局中演练，不断打磨与提升棋艺。

目 录

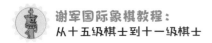

学习目标

1 了解进攻时准确确定攻击主要目标的重要性
2 学习攻击重要目标的技巧

知识讲解

　　进攻是国际象棋对局永恒的主题，找准进攻目标行动，就能够对对手阵营施加压力，力争突破防线获取优势。进攻时要充分考虑对方的防守应对，还要注意己方阵营不被破坏。找准进攻主要目标，集结火力攻击对方阵地上的弱点，让对手难以招架！

♛ 要点1：王是攻击的主要目标

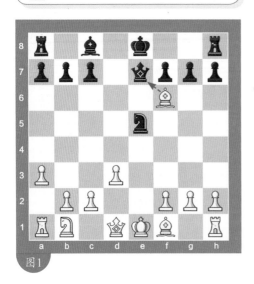

图1

图1的局面中，黑方的后正受到白方

f6象的攻击，如果是你会怎样应对？是不是理所当然地想把白象消灭掉？

　　在这样的棋局形势中，假如你没有细心观察和分析，便会做出1...后×f6的决定。但实际上，绝佳的攻击机会就摆在我们的面前。

　　此时，棋局的特征是e线上黑后与白方的王遥遥相望，中间间隔的棋子是黑方可以行动的马。当一方的王暴露在威力巨大的后的攻击射程中时，棋手第一个反应是：这里有没有什么突然而至的进攻突破机会呢？棋手应有意识地培养自己灵敏的攻击"嗅觉"。

1...马f3‼#（图2）

图2

看上去黑方的f3马和e7后都在白方的子力射程当中，但是黑方的f3马与e7后都在将军白王！常识告诉我们，当王被双将时，唯一的应将方法是避将，也就是把王走到其他位置。但是，现在白方的王无处可逃，黑方成功将杀白王。

需要特别提醒的是，采取类似棋子走到"危险"位置实施攻击行动时，一定要精准计算，不能看着差不多就行。例如在图1的局面中，假如黑方没有采取1...马f3#而是采取1...马×d3+的走法，那么白王便可以从d2格逃生。黑方的e7后和d3马同时受到攻击，黑方无法避免丢子。

要点2：制造将杀机会

图3轮到黑方走棋，分析局势我们发现

黑方的棋子数量处于下风，并且王前阵地并不牢靠，因此必须对白方王实施具有毁灭性的攻击行动，否则难以维持局势安全。

图3

有了这样的基本定位，我们很容易就会放弃1...车×f5的念头，因为白方可以应以2.f3（图4）。

图4

随着白方王前阵地的攻势被化解，黑方陷入被动。

图3的局面中，黑方已经处于背水一战的境地，如何在接下来的这步棋当中找到厉害的攻击手段呢？关键在于找准进攻突破口。

1... 后 g2+!!（图5）

图5

黑方采取弃后的下法，强行将白王逼到 g2 格，而这个位置正处于黑方 b7 象的射程当中（图6）。

2. 王 ×g2　车 ×g3#

制造车和象形成双将，白方的王无处可逃。一切都是黑方在 g2 弃后的功效！如果对方的重要进攻目标还不在我方的棋子射程中，那么就想办法把这个目标引到

危险的位置上。

图6

要点3：消除保护子力

图7的局面中，看起来白方所有的棋子已经处于最佳的位置，此时白方的进攻威力还能进一步增强吗？

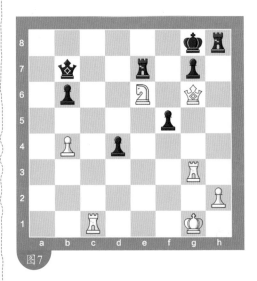

图7

1.车c8+!!（图8）

图8

在进攻机会降临时刻千万不要错过！白方大胆弃车的走法目标明确，就是为了让黑后失去对g7格的防护。

1...后×c8 2.后×g7+!（图9）

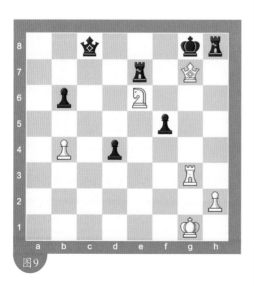

图9

突破对方王城最后一道防线！进攻方采取弃子行动时，棋手一定要计算清楚后面的变化，毕竟用价值高的棋子换取价值低的棋子，一旦出现纰漏就会葬送全局。

2...车×g7 3.车×g7#（图10）

白方顺利将杀黑王。从白方干净利索的进攻手段当中，我们看到白方聚焦削弱黑方对g7格的防守，先后采取弃车和弃后行动，最后一举攻破王城。

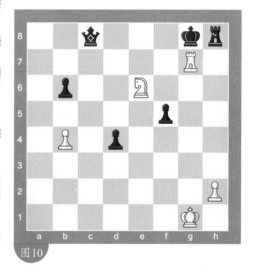

图10

记住，王的安全永远摆在棋局中第一重要的位置！在攻王行动谋划中，只要能够实现将杀目标，棋子的价值就不再以分值来衡量。因此，一旦发现对方的王存在弱点，就要聚焦攻击目标，牢牢抓住进攻机会。

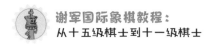
课后作业

1 复习本课知识内容，对例题中的攻击目标确定和攻击手段实施增强认识。

2 找一找自己的对局中是否有成功抓住对手弱点攻击的时刻。

3 按照训练计划完成本书的习题。

冠军课堂

　　进攻目标的确定分为全局总目标和阶段重点目标，全局总目标是围绕攻击对方的王，防护己方的王来设定，在行动中会分解为一个个小的阶段重点目标来具体完成。因此，我们可以将进攻目标理解为一个整体，也就是说阶段目标是全局目标的组成部分。

学习目标

1 理解攻击行动注重实效的重要意义

2 学习发现对方阵营弱点的技巧

知识讲解

　　棋局结束之后，经常会听到一些棋手带着懊恼的语气表示自己错失了战机，归纳原因大多是"没注意""没想到"，或者是"光想着怎么应对，忘记对方阵地也存在弱点"等。棋局形势在不断变化，棋子的位置也在不断转换，所以攻击对方弱点的战机转瞬即逝。对于那些"比较隐蔽"的战机，棋手要善于发现和捕捉，不能想当然地做出应对。

♛ 要点1：攻击暴露在开放
线路上的王

　　图1轮到黑方走棋，黑后正遭到白方d4车的攻击。如果此时我们简单按照棋子分值高低进行思考和判断，就会做出把后躲开的选择。但是，当我们从全局形势的角度来分析时，就会发现黑方的e8车与白方的e1王之间隐隐约约存在关联。顺着这样的思路，就会发现行动的机会和突破的手段。

图1

1...后×d4‼（图2）

图2

抓住白方王在e1的弱点，直接采取行动。这里需要注意的是行动执行的准确性，有些棋手在思考时也发现了黑车与白王之间的关联，但是在行动时采取的走法不精确，就不能达到最佳的效果。

例如，此时如果黑方采取1...象b4+的走法，从道理上同样是利用了白王在e1的问题，但是经过2.a×b4 后×d4之后，白方可以采取3.象e2的走法，虽然这时形成的局面依旧对黑方有利，但是与1...后×d4的走法相比，还是给了白方挽救棋局的机会。

2.象e2

没办法，白方不敢采取2.e×d4的走法消灭黑后，因为黑方可以采取2...象

b4+（图3）。

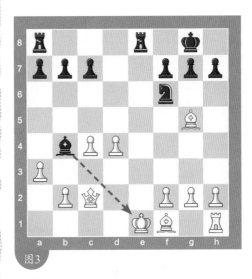

图3

形成车与象双将白王的局面！我们知道，在王被双将时，唯一的应对方法是避将。因此，现在白方只能把王走到唯一可去的d1格，但是那里也无法保证白王的安全。接下来的变化是：3.王d1 车e1#（图4）。

图4

由于c2位置被白后占住，因此白王无处可逃，黑方成功将杀白王。这也是为什么在图2的局面中，白方无奈走2.象e2却不能消灭送上门来的黑后的理由。白方的d4车眼睁睁地看着被黑方消灭掉，却一点办法也没有。接下来，黑方应把后走到安全位置。

2...后e5（图5）

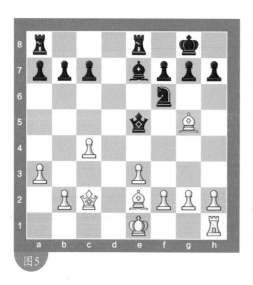

图5

黑方将后走到安全的位置，此时黑方白多了一个车，胜利在望。

进攻需要调动子力扑向对方的王城，在这个过程中，为了完成破坏对方王前阵地形成猛烈攻势的目的，进攻方有时需要在棋子数量上做出牺牲。也就是说，当攻势形成一定规模时，进攻方在子力数量上已经处于劣势，如果这时不能有效攻破对

方的王前阵地，那就可能前功尽弃，因为子力数量的落后反而陷入困境。

♛ 要点2：发启快速攻杀行动

图6的局面轮到白方走棋，此时白方虽然只少了一个兵，但是f6马正处于黑方攻击威胁当中，进攻的重要力量b3象也在黑方c5马兑换的状态当中。假如白方不能找到有效的行动方案，就可能被黑方迅速化解攻势，棋局向着对黑方有利的方向发展。

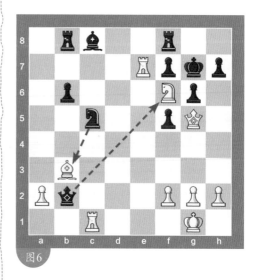

图6

1.车×f7+!!（图7）

这看起来以车换兵是一个吃亏的子力交换，不过白方的行动目的不是交换棋子，而是把黑方位于f8格防护底线的车引离到其他位置。

图7

进攻行动的走法一定要次序精确，假如白方换一个次序行动，虽然也是找准了同样的攻击目标，但是攻击效果却大不一样。例如1.马h5+？ 王h8 2.车×f7，白方同样消灭了黑方的f7兵，但是由于这步棋并没有连带将军，因此黑方便可以采取2...象e6（图8）的方式应对。

图8

伴随着黑方象的出动，黑方底线的棋子联通串联起来，此时白方的攻击能量便一下子减弱了。而图7直接采取1.车×f7+的情况下，由于白车连带将军，所以黑方不得不第一时间应对。

1...车×f7

黑方只好把白方送上门的车吃掉（图9），否则只能1...王h8 2.车×h7#，白方直接将杀成功。伴随着黑方f8车离开，底线上将暴露巨大的问题隐患。

2.马h5+（图9）

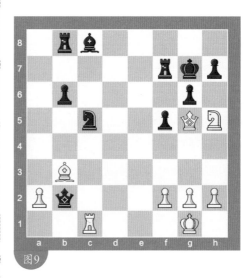

图9

看起来白方进攻的棋子数量虽然不多，但是由于黑方的棋子之间缺少配合，底线上的问题暴露无遗，因此白方的攻击行动收到理想的效果。

图10

2... 王h8

如果2... 王g8 3.后d8#将杀（f7车不能移动到f8）；如果 2... 王f8 3.后d8#将杀。

3.后d8+（图10）

白后成功入侵到底线，形成致命的将杀威胁。

3... 车f8 4.后 × f8#

白方成功将杀黑王。

1 复习本课知识内容，对进攻行动实效性的重要意义增强理解。

2 思考自己看过的对局，找出1~2个一举突破成功的例子进行分析学习。

3 按照训练计划完成本书的习题。

冠军课堂

攻击的实效性非常重要，棋局是一个动态的过程，很多突破机会转瞬即逝，所以棋手要善于发现对方阵营的弱点，找准目标行动。在攻击目标的过程中，要善于区分轻重缓急把握重点，一定要抓住棋局的主要问题，而不是把注意力和行动重点放在棋子交换一时获取的利益上。思考时要将棋局当做一个整体，不要只把目光盯在某个局部的棋子上。牢记王的安全重要性，什么时候也不能掉以轻心。

学习目标

1 学习以进攻来化解对方攻击威胁的理念
2 学习发现对方阵营可以攻击的弱点

知识讲解

　　棋局进程当中有时需要主动出击进攻，有时需要应对对手的攻击压力进行耐心的防守，棋局过程中棋手的行棋策略在攻与守当中不断转换。不过，进攻与防守并不是一成不变的，例如，有时可以采取主动出击的进攻来达到防守的目的。以退为进以攻代防，棋局的行棋策略就是这么神奇！当然，一切都需要棋手善于发现对方阵营中的弱点，准确评估得失利弊后再进行合理的决策。

要点1：牵制与反牵制

　　图1轮到白方走棋。分析局势我们不难发现，白方的后和马在a4~e8斜线上被黑方牵制住了，因为a4的后缺少保护，所以白方位于c6格的马不能逃离。然而，白方又很难继续增强对c6马的防护力量，难道，白方c6的马就这样被黑棋消灭了吗？黑方阵营当中有没有可以攻击的目标让白方的子力位置得到改善，从而摆脱黑后的牵制呢？

图1

1.后a8!（图2）

这是典型的金蝉脱壳之举，白方的后从单纯的防守角色转变为攻击力量，利用底线上对黑方王的牵制，白方成功将攻击目标瞄准不能随意动弹的b8马。如此一来，变成了白方的c6马和a8后同时攻击黑方的b8马，黑方不得不放弃自己的b8马，至少此时还可以换取白方c6马作为子力交换。

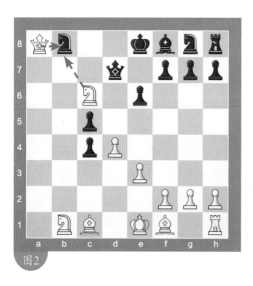

图2

1...后×c6 2.后×b8+（图3）

看上去双方仅仅是进行了马的兑换，但是通过这样的兑换，棋局态势发生了质的转变：白后在底线的作用积极发挥出来，令黑王的弱点暴露无遗，并且白后在底线上对黑方的车、马、象的行动都起到很好的牵制和攻击作用。黑方只有后可

以在外活动，较低的出子效率和位置不佳的王注定令黑方在后续行动中遭受更多的打击。

图3

2...王e7 3.象a3

白方在a3~f8斜线上牵制住黑方的王，出子的同时能够将其威慑力瞄准到对方的王，这样的走法具有很强的杀伤力。

3...王f6 4.后×f8

白方得子，取得胜势局面。

要点2：一切皆有可能的攻杀行为

下面的例子故意将平常看到棋谱当中的棋盘白方方向颠倒过来，目的在于培养适应力和审视棋局的习惯。在平时训练

和摆棋谱时，我们大多数时间从白方的视角看棋局，但在实战对局当中棋手不可能只下白棋，或者是只下黑棋，所以棋手无论从白方还是黑方的视角看棋局都不应该存在思考障碍。

尝试一下从黑棋的视角来看棋局，同样是64格棋盘，不过此时需要注意的是，你的右手边第一个格子的坐标不是h1，而是a8。

图4轮到白方走棋。现在的棋局形势是白方处于进攻态势，但是白方的d6车正在受到攻击威胁。假如白方采取将车随意找一个安全的位置逃离，例如1.车d2，那么黑方可以从容应对1...马f6，如此一来黑方的子力出动基本到位，位于底线的两个车也顺利联动起来，白方多出来的3个兵与黑方多出来的1个马相比，丝毫不占上风。

图4

1.车d7!!（图5）

白方把车走到一个看似不能走的地方，简直就是白白送给黑方消灭。不过，当我们深入思考分析，就会发现白方通过主动出击的方式，既化解了白车受攻的问题，又令黑方起到积极防守作用的e5马和e7后必须有一个离开原位，从而致使黑王的防守力量大大减弱。

图5

1...后×d7（图6）

如果黑方不消灭白车而是采取反攻白后的下法，在1...马g6 2.车×e7+ 马×e7的变化中白方获得绝对的子力数量优势。

图6

假如黑方采取用马来消灭d7车，经过1...马×d7 2.后g4+ 王h6 3.车f5（图7）之后，白方将杀黑王威胁难以阻挡。

图7

由此可见，黑方1...后×d7是图5局面当中黑方不得不采取的应对方案。

2.后×e5+ 王g6 3.马d5（图8）

白方继续加强对黑王的围剿攻势，下一步准备跃马到f4格，将军的威胁难以阻挡。

图8

3...h6 4.马f4+ 王h7 5.马e6（图9）

图9

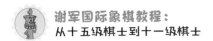

现在图9局面中白棋的威胁可不是走马到f8将军，逼迫黑方以车换马，而是让e6马起到很好的屏风阻挡作用，威胁后到f5格将杀黑王。

5...h5 6.后×h5+ 马h6 7.车f6（图10）

白方步步紧逼。黑方位于a8和h8的车只是形式上的存在，根本不能发挥战斗力。

图10

7...后g7 8.马×g7

白方占据绝对的子力数量优势，同时黑方的王前阵地被极度削弱，白方获得胜势局面。

图4至图10的棋图与前面的有什么不一样？没错，我们首先看到棋图下端的是黑棋，不是白棋，棋图的横线、直线坐标也有变化。

把棋盘"翻转"过来摆棋谱的感觉怎么样？你能正确地将棋子摆放到正确的格子中吗？

适应选项：能（　）不能（　）

如果你选择的是"能"这个选项，恭喜你有特别棒的适应能力，说明你在识记棋谱的知识环节已经掌握得非常熟练。

如果这次你选择的是"不能"，那就说明还需要继续努力！只有从黑棋和白棋的视角看棋谱都很自在，才能够在比赛做棋局记录时没有障碍。

课后作业

1 复习本课知识内容，对进攻代替防守的理念增强认识。

2 借用中国古代成语"围魏救赵"的故事，讲述自己对进攻其他目标起到防守作用的理解。

3 按照训练计划完成本书的习题。

国际象棋最核心的棋子是王，其次是棋子的数量和作用。在棋子价值部分，拥有更高分值棋子战队的一方无疑将在行动中拥有更多的战斗力。本着这样的思路，当我方阵地遭受对手进攻时，采取给对方王城制造麻烦或攻击对方价值更高棋子的策略，能够起到围魏救赵的防守作用。当然，采取这样行棋策略的前提是有要求的，那就是己方的行动威胁比对手的攻击更具杀伤力，才能避免得不偿失的情况出现。

学习目标

1 学习关于棋子兑换的知识和技巧

2 理解棋子的价值不仅仅是分值，还有棋子所在位置的作用

知识讲解

　　棋局过程经常发生棋子的交换，有时这种交换发生在相同类型的棋子之间，有时是不同类型棋子之间的兑换。到底该不该进行交换？是否需要主动邀请对手进行特定棋子的交换？在对方的棋子交换面前需要采取接受还是躲避的态度？能不能借助棋子交换的方法达到进攻对方阵营的效果？诸多问题在不同局势当中会带给棋手很多待解的难题，需要棋手善于在临场根据形式进行解答。

　　棋子的价值不仅体现在分值大小，更体现在棋局当中能够发挥的作用上。因此，即便是等分值棋子之间的兑换，也不一定就是"不亏不赚"。棋手要善于抢占主动位置，更好地发挥棋子功效，令等价值兑换的过程产生不一样的成果。

♛ 要点1：发挥牵制的攻效

　　图1轮到白方走棋。目前白方暂时少了一个象多了一个兵，显然棋子分值处于劣势。分析棋局形势，我们很容易发现黑方的f6象与白方的e5象处于交换状态，但是在a1~h8斜线上黑方还有一个王可能成为白象的进攻靶子。

　　当我们初步梳理了棋局形势和特点之后，就会发现f6格兑换子力是棋局战斗的焦点。白方应该采取什么样的兑换方法才能将落后的棋子分值追上来呢？

　　当然不能按照棋子分值大小进行兑换。此时如果简单地走1.象×f6+　车×f6 2.车×f6　后×f6 显然不行，那样的话黑方将保留棋子分值的优势。

图1

1.车×f6!（图2）

用车换象看起来吃亏，但是白方的e5象在a1~h8斜线上保留牵制黑王的作用（图2），只要牵制的效果一直存在，黑方在这条斜线上的其他棋子就失去了行动的自由。

图2

1...车×f6

黑方当然不能1...后×f6，那样的话白方采取2.后g5 后×e5 3.后×e5+王g8 4.后×d5+的下法，获得明显攻势的白方还在棋子数量上占得上风。

2.车f1（图3）

利用e5象对黑王的牵制作用，白方在a1~h8斜线上不断对黑方的f6格棋子加强攻击力度，黑方很难进行成功的防守。图3当中白方e5格的象威力巨大，牢牢拴住了黑方难以解套的f6车。

图3

2...车af8 3.后g5（图4）

有了e5象对黑方h8王的牵制，白方对黑方f6车自由自在加强叫吃威胁，白方的攻击力度持续增加。

图4

3...王g8

黑方无奈放弃f6车，让王躲开白象
的牵制。此时黑方不能走3...王g7，因为
白方可以4.马h5+。

4.象×f6

白方成功将位于f6格的棋子消灭掉
（图5），现在再来核查棋子数量，白方不
仅获得一个兵的优势，同时还牢牢把握棋
局的进攻主宰地位。

♛ 要点2：斜线牵制的作用

图6轮到白方走棋。白方目前处于主
动进攻的位置，但是黑方多了一个马，显

然仅凭白方目前多出的两个兵来进行对比
评价，黑方在子力分值上占得上风。

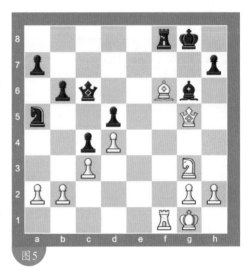

图5

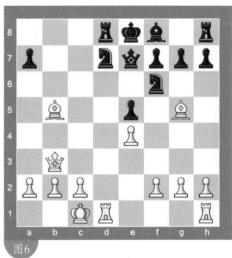

图6

初步分析局面之后，我们就能清醒
地认识到白方的行棋策略应该是攻击而
不是以保守的稳健方式处理棋局。特别是
1.象×d7+　车×d7 2.后b8+　后d8 3.后
×e5+　象e7（图7）的走法行不通。

图7

图7中，尽管白方得到的局势是以马换取黑方的3个兵，但整体来看兵没有获得决定性的优势，黑方仍保持不错的战斗机会。

如果白方走1.车×d7（图8），局势会如何变化？

1.车×d7!!

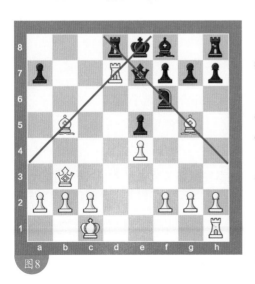

图8

利用a4~e8斜线对黑方王以及d8~h4斜线对黑方后的牵制，白方以车换马，目的在于能够把h1车走到d1格，持续增强对黑方阵营的进攻压力。

1...车×d7

黑方放弃后的下法显然也不奏效，经过1...马×d7 2.象×e7 王×e7 3.后d5 a6 4.象c4 车c8 5.后×f7+ 之后，白方获得胜势局面。

2.车d1（图9）

白方如愿增强对黑方d7格棋子的攻击力度，这一切都得益于白方b5格象对黑王的牵制作用。

图9

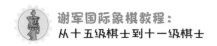

2...后b4

面对无法加强的防守，黑方只好放弃对d7车的防护。

3.象×f6 g×f6 4.象×d7+（图10）

棋局至此，我们看到白方占得棋子数量优势，同时极大程度破坏了黑方的王前阵地。白方获得胜势局面。

通过本课当中的例子我们可以总结出下面的道理——等价值的棋子交换并不是相同类型分值棋子进行兑换那么简单，棋手要善于寻找是否可以利用对方阵地上

更重要、价值更高的棋子作为攻击目标。

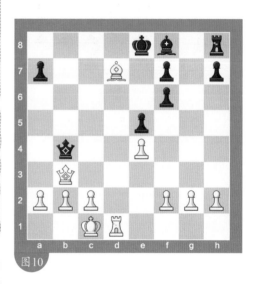

图10

1 复习本课知识内容，加强对棋子在棋局当中分值发生变化的认识。

2 说一说你理解的棋子交换过程中，决定价值高低的重要因素是什么。

3 按照训练计划完成本书的习题。

冠军课堂

国际象棋中除了王这个棋子不可以兑换并且王的安全价值永远高于别的棋子分值之外，其他所有棋子都可以进行兑换，棋子的分值高低也随着不同棋子在棋局当中发挥出来的作用而改变。通常，等分值的棋子进行交换不会给任何一方带来明显的收益，但是在特定的局面当中，要学会根据棋子所在位置重新评估棋子的作用，从而实现棋子价值最大化的目标。

学习目标

1 学习关于棋子兑换的知识和技巧

2 理解在棋子非等值兑换过程中的关键评价要素

知识讲解

　　棋局当中各种子力兑换可能直接改变双方的兵力配置和对棋局的控制区域，因此子力兑换的环节特别重要，情况发生时棋手要给与更多的关注，不能想当然轻易做出决定。特别是出现非等值棋子兑换情况时，兑换过程将直接导致双方兵力不均衡情况发生，更是棋局转折关键时间节点的重中之重。

　　棋局过程中经常会存在一些非常隐蔽的突破机会，因为这些战机容易被棋手忽视，所以攻击效果往往会直接决定棋局结果。并且，类似的进攻机会都具有需要非常规走法（例如弃子）的特点，这就更需要棋手善于敏锐抓住棋局的战斗焦点，将己方的战斗力进行有效集结，用在攻击主要目标上。

♛ 要点1：抓住攻击的重点

　　图1轮到白方走棋。这是一个看起来非常复杂甚至有点找不到思绪的局面。双方的棋子数量相同，黑方王前阵地看起来有些问题，但是由于双方的黑格象处于兑换的状态当中，因此给人的感觉是系列的兑换即将展开，棋局可能很快简化。例如在以下的变化中，棋局将迅速导致简化：

图1

1.象 ×g7+ 王 ×g7 2.马e6+ 象 ×e6 3.后 ×e6 后d6 4.后 × d6 e× d6（图2），形成一个均势的局面。

图2

图3

一系列兑换之后，棋局呈现出的局面异常平稳，双方机会相当。

当然，图1局面当中白方走1.马f7＋也很吸引人，看起来能够逼迫黑方用车换马进行吃亏的子力兑换，但是这之后经过1...车 ×f7 2.后 ×f7 象 ×h6（图3）之后，白方相当于用马和象换取黑方一个车，反而是黑方子力数量占得上风。

白方交换在分值上吃亏，并且没有特别的补偿，只有一个后在黑方阵营的f7格孤军深入，无法构建有实质性威胁的进攻，白方用马和象换黑方车的行动显然不是一个合理的棋子交换方案。

1.后f7‼（图4）

图4

没有深思熟虑，白方很难想到这样石破天惊的一步棋。看上去是送后到黑车嘴巴里，实际上这是一步攻击力极强的妙招。图4局面中黑方虽有多种应对方法，但无论哪一种方法都不能解决问题。例如：

1...象×h6 2.后×h7#（图5），黑方h7格
失守。

图5

黑方采取1...f×g5的走法将会迎来
白方2.后×g7#（图6）的行动，在g7格
成功将杀黑王。

图6

1...车g8

无奈，黑方用车进行防守，现在黑方
威胁用f兵消灭白方的g5马。

2.后×f6！（图7）

图7

弃后！目的是把f7格空出来留给马。
想到白马跳到f7格时将杀威胁，这时我
们再去评价白方弃后的行动是不是就觉得
分值因素没有那么重要了呢？进攻行动要
始终秉承一个原则——攻王时只要有突破
行动，不用考虑棋子的分值高低。

现在，白方要跃马到f7格实施将杀行
动，黑方来不及消灭白方位于f6格的后。

2...象e8 3.象 ×g7+ 车 ×g7

4.后 ×g7!（图8）

图8

图9

用后换车，看起来又是一个吃亏的行动，不过白方已经精确计算好了后面的行动方案。类似的行动手段被称作先弃后取，在进攻过程中是一种常见的进攻性棋子交换策略。

4...王 ×g7 5.马e6+ 王 f6 6.马 ×d8，白方把黑后消灭掉，通过精准的棋子兑换白方获得巨大的子力优势。

图4的局面当中黑方采取1...车 ×f7的下法是否能够挽救棋局呢？答案同样是否定的。

2.马 ×f7+ 王g8 3.马 ×d8象 × h6

4.马 ×b7（图9）

经过一系列非等值的棋子交换，白方通过精确的进攻手法和先弃后取的进攻手段获得巨大的优势。

 要点2：找到突破口

图10轮到白方走棋，看起来由于d3后正在受到黑方a6象的进攻，将后缩回阵营成为明智的选择。

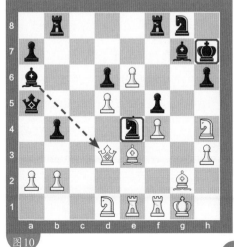

图10

不过，当我们认真审视棋局，就会发现黑方e4马占据中心并不牢靠，且黑王的位置存在问题，白方可以采取弃后的行动从白格的线路突破进去。

1.后×e4‼（图11）

图11

1...马e7

黑方此时有多种应对方法，但遗憾的是都不奏效。

在1...象×f1 2.王×f1 马e7 3.后c4之后，白方占据明显的子力优势。

在1...f×e4之后，白方可以采取2.象×e4+ 王h8 3.马g6+ 王h7 4.马×f8+ 王h8 5.马g6+ 王h7 6.马e5+‼（图12）。

绝妙的子力调整位置，消灭了黑方f8车之后，f7格成为白方将杀黑王的最佳阵地。

图12

6...王h8 7.马f7#，白方成功将杀黑王。

2.后b1 象×f1 3.王×f1 车be8
4.象d2（图13）

白方通过不等值的子力交换获得棋局发展的绝对优势。

图13

 课后作业

1 复习本课知识内容，加强非等值棋子兑换时棋子价值评价关键要素的理解。

2 说一说你在面对棋子兑换的决策过程中，曾经历过什么样的心理变化。

3 按照训练计划完成本书的习题。

冠军课堂

在棋子处于交换状态时，棋手不仅要关注直接的子力兑换，更要善于发现棋子兑换过程中是否存在新的攻击机会。特别是当你觉得棋局当中可能存在突破机会时，更要舍得花费时间去做深入的思考。

第6课

基础知识
子力的兑换（三）
阵型的因素

学习目标

1 学习关于棋子兑换对棋局阵型带来的影响

2 了解棋局阵型当中的优点和弱点的区别

知识讲解

棋局当中，很多时候明明双方棋子数量相当，但是一方已经获得了明显的优势。究其原因，就是因为在另外一方的阵型当中存在明显的弱点，这些弱点虽然无法用分值来进行计算，但是却可能成为受到攻击的靶子或者变成持续需要拖累其他棋子进行防护的累赘。

要点1：突然而至的远距离进攻

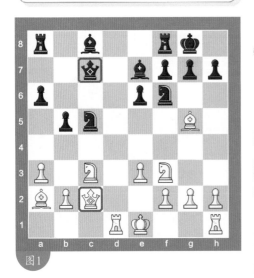

图1

图1轮到白方走棋。这个局面双方的棋子数量相当，初看之下感觉双方的兵形和子力位置都不存在什么问题，给人的感觉是棋局局势平稳，双方机会相当。

不过，当我们深入分析棋局时，就会发现双方的后都在c线上，且双方的后都没有其他棋子进行保护。也就是说，一旦这条线路上中间相隔的黑白两个马受到其他棋子攻击，都可能成为另外一方找到推进棋局入侵的突破口。

白方能否借助先行之利获取进攻机会呢？

1.象b1！

白方率先给自己的后生根，即使b1象成为防护白后的坚强力量。伴随着白方把象走到b1~h7斜线，黑方h7兵的弱点暴露出来。下一步白只要用象换马，就可以消除黑方棋子对h7兵的防护了。

1... 车d8

对于白方的威胁，黑方必须及时采取应对措施。

此时，因为白方的c2后已经有了其他棋子的保护，所以黑方不能走1...马ce4，那样的话只会遭遇白方2.马×e4后×c2 3.象×c2，白方的c2象对e4马产生保护作用，黑方将面临少子的困境。

如果黑方采取1...车e8，白方将会采取2.象×f6 象×f6 3.马e4!（图2）的走法。

黑方的c7后缺少保护，令白马的行动有恃无恐如入无人之地。接下来白方还有挺兵b4抓死黑方c5格马的威胁。接下来，棋局经过3...象×b2 4.马×c5 f5 5.后×b2 后×c5，白方形成多子局面，优势明显。

同样的道理，在白方把象走到b1之后，如果黑方选择走1...g6，白方可以采取2.象×f6 象×f6 3.马e4的走法，因为黑后在c7格成为白方可以利用的阵型弱点，因此黑方的c5马动弹不得。面对f6格象和c5格马同时受到攻击的处境，黑方接

下来如采取3...象e7退回阵地防守，则会遭遇白方4.b4的进攻，黑方c5马被活捉。

图2

2.象×f6 象×f6 3.后×h7+（图3）

图3

黑方的车在d线，对白方的行动方案产生重大影响。

现在如果白方走3.马e4就与前面的情况不一样了，黑方可以3...车×d1+，对此白方如果4.后×d1则失去c线上对黑方后的牵制，黑方得以采取4...马×e4的走法逃离困境。如果白方走4.王×d1，则黑方可以4...后d7+，借助将军把后躲离c线，摆脱白方对黑方阵营的牵制。

3... 王f8 4.车×d8+ 后×d8

5.0–0（图4）

白方采取稳健出子的方式将王走到安全的位置。

图4

阵营当中的弱点有时很明显（例如白方走象到b1之后黑方的h7兵），有时比较隐蔽（例如缺少保护的c7后），本局当中白方巧妙利用了黑方阵型存在的问题，及时行动并通过子力的交换获益。

攻击突破的战机并不是随时都有，为了进攻行动还不能持续加强做好准备，要及时将己方阵营当中需要完善的部分处理好。现在，白方的王顺利完成易位走到安全的位置，在后续的棋局当中可以放开手脚组织新的行动计划。

♛ 要点2：借力打力

阵型当中出现的弱点可能是持续可以攻击的，也可能是因为子力恰巧处在一个不合适的位置当中。无论对手阵型当中的弱点属于哪一种，棋手要善于发现战机，把握机会实施攻击行动。

图5

图5轮到白方走棋，双方的棋子都没有近距离接触，看起来棋局推进的速度将会是一个缓慢的过程。然而，由于黑方的后所在的位置正好可以被白方利用，因此

白棋可以立刻抓住黑方阵型当中的弱点实施强有力的进攻。

1.象b5!!（图6）

图6

突如其来的攻击令黑方措手不及。白方弃象的下法势必造成a线的开放，借助对黑方c6格后的进攻，白方抓住黑方a8车没有其他棋子保护的阵型问题，通过先弃后取的攻击手段取得子力兑换的优势。

1...a×b5

后和王被拴在一起，黑方除了接受白方送上门来的"礼物"，没有其他选择。

2.a×b5（图7）

黑方的后和车同时遭受攻击，无法同时兼顾两个棋子的安全。

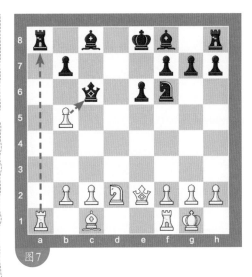

图7

2...后×g2+

假如黑方走2...后×c2，白方将应以3.车×a8，通过弃象的妙手攻击，白方完成了以象换车的子力交换，优势明显。

3.王×g2 车×a1（图8）

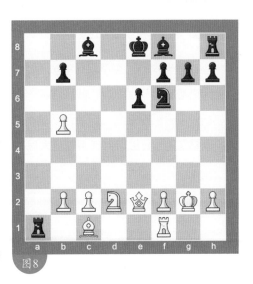

图8

突如其来的打击面前，黑方选择了最为顽强的应对方式。图8局面中我们看到，黑方相当于用后换了白方的车和象，虽然棋子分值上吃了亏，但显然已经是最大限度地保留战斗机会了。

4.马c4 马d5 5.后e5（图9）

白方的后走到一个积极的位置当中，黑方的h8车和f8象难以出动，白方优势明显。

图9

课后作业

1 复习本课知识内容，加强对棋子数量与棋局阵型之间关系的认识。

2 回忆自己的对局或自己看过的对局，讲一讲有没有哪盘棋双方棋子数量相当但某一方已经获得明显优势或胜势的局面。

3 按照训练计划完成本书的习题。

冠军课堂

阵型当中的弱点不仅可能成为对方攻击的目标，还会成为棋局发展的拖累。正是因为阵型当中的弱点与棋子的数量不直接发生关联，因此一些棋手下棋时出现"丑型"（意思为难看没有发展前途的阵型）却没有意识到其中的危害性。理解阵型的重要作用，能够帮助棋手建立大局观，拒绝将棋局走成"丑型"。

第7课

基础知识
子力的兑换（四）
兵形的因素

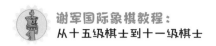

学习目标

1 学习关于兵形的知识

2 了解建立强大兵形对棋局整体发展的重要性

知识讲解

兵是国际象棋当中数量最多的棋子，也是独立作战时看起来威力最小的棋子。兵在行动过程中会形成不一样的结构，这种兵的结构也被称为兵形。不同兵形有不同的特点，强有力的兵形能带来进攻机会，还可以成为安全的防守堡垒。反之，被削弱的兵形成为需要其他棋子进行防护的负担。

在棋子兑换的过程中，除了要考虑后、车、马、象的因素和王的安全，如何发挥己方兵的作用，怎样才能破坏对方阵营中的完整兵形也都可以成为有效进攻的组成部分。不要小瞧兵的作用，孤立的、缺少配合的兵也许威力并不明显，但是当兵与其他棋子的力量结合在一起时，就能迸发出强大的突击作用。

♛ 要点1：打开线路，畅通子力

图1轮到白方走棋，看起来白方下一步棋肯定应该消灭黑方的c6马，从而获得棋子数量上的均衡，但是黑方应以1...后d7之后，双方的后难免被兑换。

白方如何精准利用黑方兵形当中的弱点，获取更多的收益呢？

图1

1.d5!（图2）

图2

在消灭黑方c6马之前，白方首先做的事情是弃掉d兵，实现打开a1~h8斜线的目标。这样做的目的很明显——把位于c3格象的线路打开，攻击点直指黑方缺少保护的g7兵，以及在同一条斜线上的h8黑车。

需要注意的是，在棋子进行兑换的过程中，行棋次序非常重要，不同的走棋次序可能直接导致不一样的结果。在图1局面当中，假如白方采取1.马×c6后d7 2.d5的走棋次序，黑方则可以采取2...f6！（图3），建立顽强的防守防线。

伴随着黑方f兵的挺进，a1~h8斜线似乎一下子就关闭了。由黑方g7和f6兵构建起来的结实兵链有效阻止了白方c3象神勇发威。

图3

1...e×d5

假如黑方采取1...后c7，白方则可以应以2.d×c6抢占先手，接下来2...象c8 3.马×c4之后，白方也如愿掠得黑兵，获得优势局面。

2.马×c6后d7 3.象×g7（图4）

黑方的h8车插翅难飞。白象消灭黑方g7兵活捉黑方位于h8格车，在这个收获面前，逃开c6马当然就变得不那么重要了。在更为重要的攻击目标面前，白方当然会选择牺牲价值低一些的棋子。白方相当于做了以马换车的划算交易。

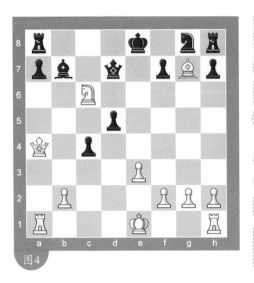

图4

3...象×c6 4.后a3 马e7 5.象×h8 d4!

中心兵突破，黑方的目标是搅乱棋局，破坏白方完整的兵形。

6.f3!（图5）

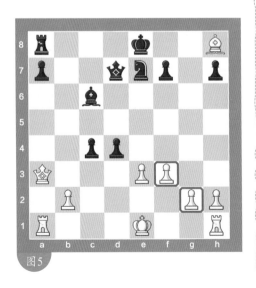

图5

白方不允许黑方的c6象沿着a8~h1斜线发挥作用，正好可以用坚实的兵墙来做挡箭牌，在白方g2和f3兵构建起来的兵墙面前，黑方的c6象难以发挥特别的作用（图5）。

棋局至此，白方已经获得了明显的优势。

要点2：攻击同一线路上的目标

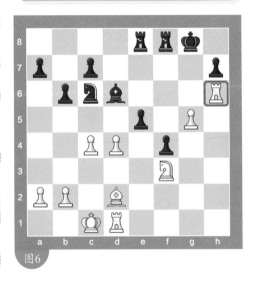

图6

图6轮到白方走棋。现在黑方暂时多了一个兵，但是由于白车在第6横线上的积极主动位置，黑方如何处理好第6横线上两个轻子的安全问题，是一个棘手的事情。

此时，白方如果采取1.d×e5 马×e5 2.马×e5 象×e5（图7）的下法当然不能取得明显的收益。

伴随着子力的交换，黑方成功摆脱

了白方在第6横线上车的牵制，将多兵的优势保持下来。

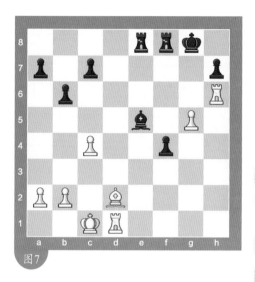

图7

1.c5‼（图8）

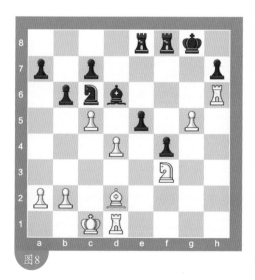

图8

在e5格兑换兵会将黑方的c6马解放出来，在c5格则不会！白方通过弃c兵

逼迫黑方d6象行动，h6格白车的作用将最大限度地发挥出来。

黑方假如采取1...马×d4的下法不能得到理想的局面，白方可应以2.马×d4象×c5 3.马e6（图9），白优。

图9局面当中，白方采取积极主动的下法，成功将黑方的棋子逼到不理想的位置当中。

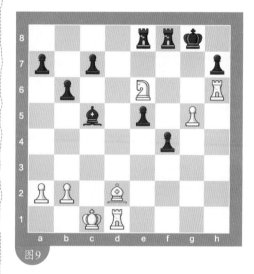

图9

图8局面中黑方精准应对非常关键！黑方丢子已经无法避免，那么就应该在其他方面尽量找到补偿。

1...e4!（图10）

保留e兵和f兵的完整，才能使其形成联动成为具有战斗力的兵形。

有时，如果被动防守会让棋局丧失活力，那么不妨采取积极主动的方式来应对。

45

尽管这样的选择可能会遭受子力兑换的损失，但是至少保留了战斗的机会。

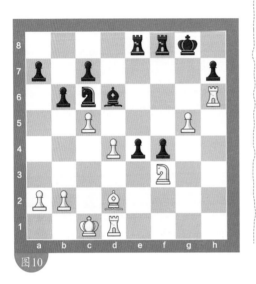

图10

白方采取弃兵突破形成得子的攻击威胁，压力面前黑方选择构建有力兵形，保留放手一搏的战斗机会。

2.c×d6 c×d6（黑方不可以2...e×f3，因为白方有3.d7的下法。）3.马h4棋局演绎至此，客观评价棋局的子力交换结果还是令白方获得比较有利的局面。但是，不要小瞧黑方的e兵和f兵联动的力量，强有力的兵形带来挺进冲锋的威胁，黑方局势仍在可抗衡的战斗状态当中。

课后作业

1 复习本课知识内容，加强对"小兵"价值的认识。

2 观察所看到过棋局当中兵的特点，对兵的冲锋、防守和不同兵形增强了解。

3 按照训练计划完成本书的习题。

冠军课堂

兵形是棋局的第一道防线，好的防线可以保护王的安全，形成进攻的力量。反之，则可能成为对方进攻的靶子和弱点。在棋子进行交换的过程中，善于发现敌我双方在兵形上的特点，发挥长处弥补缺陷。不要小瞧兵的力量和作用，通常棋手会对重子、轻子的数量和分值清点得很仔细，但其实棋盘上能够频繁发挥作用的棋子正是看起来不那么起眼的小兵。抓住对方兵形上的弱点，如同打开敌营的第一道防线。

学习目标

1 学习多个重子杀王的知识和技巧

2 熟练掌握重子杀王的规律和特点

 知识讲解

国际象棋当中重子具有威力大、射程远的特点，强大的攻击能量令重子成为战斗的核心力量。将杀单王的情景中，如果一方拥有多个重子优势，那么胜利可谓触手可及，并且多个重子将杀单王不需要己方王参与助战就能完成任务。

多个重子杀王是国际象棋将杀技术基本功，在将杀任务执行时，要注意不要出现逼和的情况。

要点1：多个重子杀王 不需己方参与

多个重子将杀王，不需要己方的王参与战斗便可以完成任务。道理很容易理解，因为后、车这样的重子可以行动的区域广，具有很强的管控能力。因此只需重子间相互配合交替控制不同的线路，就可以把王逼迫到棋盘的边线、底线制造将杀。

图1是后与车协同作战将杀王的局面。

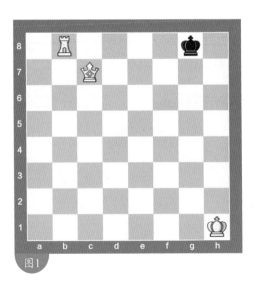

图2是两个车配合将杀王的局面。

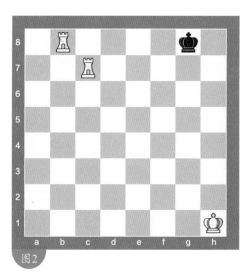

图2

通过对图1和图2的比较，我们不难发现在将杀单王的过程中，两个重子杀王不需要己方王的配合。两个重子的配合都是采取分别控制线路，然后底线将杀的策略。在最终形成的局势中，"后＋车"将杀与"车＋车"将杀的局面特征具有高度的一致性。

下面以图3的局面为例，让我们来看一看后与车配合的将杀过程。

图3

1.车c4＋王d5 2.后b5＋王d6

3.车c6＋王d7 4.后b7＋王d8 5.车c8#

图4中，应如何利用车与车的配合将杀呢？

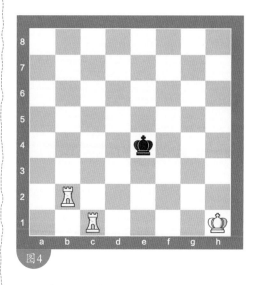

图4

请仔细体会，双车杀王与后车杀王有什么不同。

1.车c4＋王d5 2.车h4（图5）

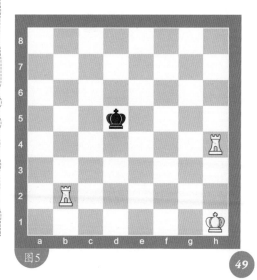

图5

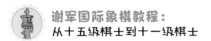
从白方2.车h4的走法当中我们感受了不同——车的行动能量不如后。因为白车受到黑王的攻击，所以要尽可能将车远离黑王，确保将军逼迫黑方去底线的征程中不会受到黑王的攻击。

2...王c5 3.车g2

白方需要把车走到离黑王尽可能远的线路上。

3...王d5 4.车g5+ 王e6 5.车h6+
王f7 6.车a5（图6）

一个车控制第6横线，轮到另外一个车将军把黑方进一步压到棋盘底线。然而，毗邻黑王的g线的白车目前不足以完成任务，那就把车再一次走到离黑王较远的位置当中。

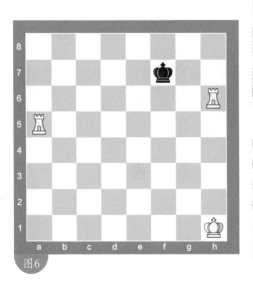

图6

6...王g7 7.车b6 王f7 8.车a7+
王e8 9.车b8#

白方实现将杀黑王的目标。

认真分析重子"后＋车"与"车＋车"的将杀过程可以发现，二者最大的差异在于棋子车缺少棋子后斜线的行动能力，控制区域没有那么广，因此需要在对方王贴近时，将车走远留出足够的空间，再去执行将杀任务。

要点2：控制不同的线路，限制王的活动空间

多个重子杀王的核心技巧是控制王活动的空间，用一个重子控制住王走向棋盘中心的线路之后再用另外一个重子将军，确保一步步将王逼到棋盘的边线或底线。

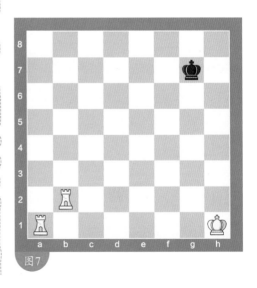

图7

图7轮到白方走棋，现在白方应该怎样制定将杀黑王的方案呢？

没错，就是将黑方的王逼到棋盘的边线或底线。

♛ 方案1　底线杀王

鉴于图7的局面当中黑王已经在第7横线，因此白方的首要任务是控制住黑王逃向中心的路径。

1. 车b6（图8）

控制第6横线之后再将军，黑王就只有底线可以走了。

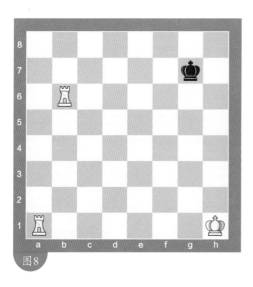

图8

1... 王f7 2. 车a7＋ 王e8 3. 车b8#

♛ 方案2　边线杀王

鉴于图7的局面当中黑王已经在g线，因此白方从直线上控制黑王逃向中心的办法也同样奏效。

1. 车f2（图9）

控制f线之后再将军，黑王就只有边线可以走了。

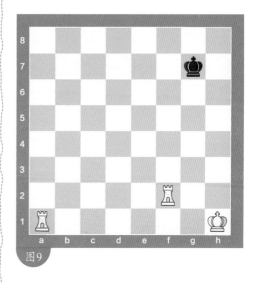

图9

1... 王g6 2. 车g1＋ 王h5 3. 车h2#

♛ 要点3：注意逼和的可能

在多个重子杀王的局面当中，占据优势的一方要注意因为大意造成逼和的情况发生，逼和是处于败势局面的一方"绝地反击"的最后机会。

图10假如轮到黑方走棋就是逼和。黑方的王陷在g8无法动弹，白方空多两个车，也是和棋。

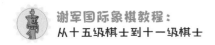
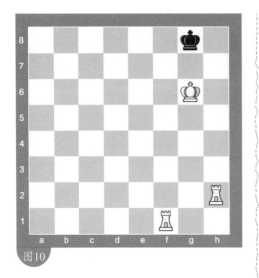

图10

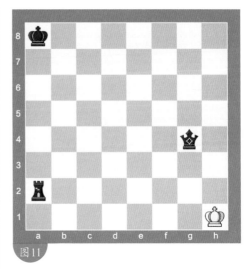

图11

图11假如轮到白方走棋也是和棋，因为白方无子可动。

多个重子将杀单王几乎没有赢不下来的"风险"，除非胜势一方忘记了逼和的情况发生。

1 复习本课知识内容，熟练掌握多个重子将杀王的技巧。

2 用自己的话说一说，为什么多个重子将杀单王的过程中不需要己方王的参与助战便可以完成任务。

3 按照训练计划完成本书的习题。

冠军课堂

多个重子将杀王的基本方法是用不同的棋子（后或车）控制不同的线路，有序将对方的王驱赶到棋盘的边线或底线，控制受攻一方王的出逃线路，最后在底线或边线完成将杀任务。多个重子将杀过程不需要强方王的参与便可以达成目标。在这个过程中，拥有多个重子的一方要注意避免逼和的情况发生。

学习目标

1 学习单后杀王的知识和技巧
2 学习后与王配合将受攻一方的王逼到被动位置的知识

知识讲解

　　后是国际象棋中威力最大的棋子，因为残局当中兵升变的首选是后，所以单后杀王是棋手必须掌握的基本功。在单后杀王的局面当中，棋盘上所剩无几的棋子显得格外空旷，可以横着走、竖着走和斜着走的后几乎控制了半个棋盘的格子。单后无法同时兼顾将杀和控制对方王出逃的多种任务，因此仅仅依靠后的力量无法完成将杀对方王的任务，单后杀王实际上是后＋王将杀对方的王。

♛ 要点1：后将杀王的典型手法

　　图1、图2和图3都是后将杀王的局面，从中可以发现需要具备以下几个要素：

　　第一，弱方的王在底线或边线；

　　第二，强方的王可以控制弱方王逃向中心线路的格子；

　　第三，后可以从远距离线路上实施将杀，也可以借助己方王的力量紧贴对方的王实施将杀任务。

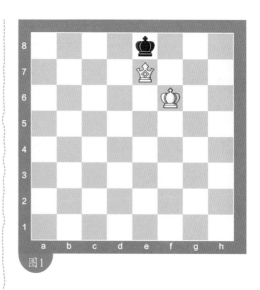

图1

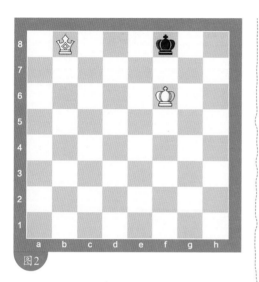

图2

图4

1.王c2 王e4 2.后e6+ 王d4 3.王
b3（图5）

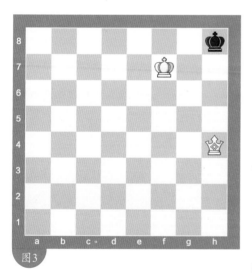

图3

 要点2：驱赶王的技巧

将杀王的首要任务是把王逼到棋盘的
边线、底线或者角格当中。

图4轮到白方走棋，黑方的王在中心，
白方的王在底线，需要快速调整白王的位
置，从而积极协助白后完成将杀任务。

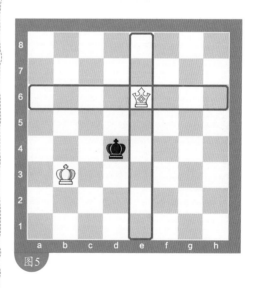

图5

白方的后已经处于当前状况下能够控
制黑王活动的最佳位置，因此白方此时无
需再走动后，而应把自己的王调整到更好
的地方。

3... 王 c5

黑方尽可能将王保留在棋盘中心位置。此时如果走3... 王 d3，白方则应以4. 后 e5（图6）。

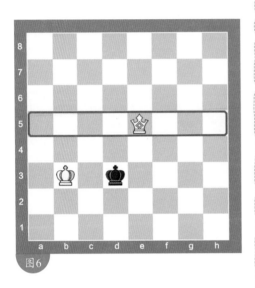

图6

图6当中，白后与黑王的位置走出了马的行动轨迹，这样的位置是后限制王活动空间的最佳设定，俗称"马步"。后在"马步"的位置上可以控制对方王活动区域的能量最大：图5当中白后在"马步"的位置控制黑王可能活动的5个格子（c4、d5、e3、e4、e5）；图6当中白后在"马步"的位置上同样可以控制黑王可能活动的5个格子（c3、d4、e2、e3、e4）。再加上白王协助也起到了很好的限制作用，此时黑王可以活动的区域少得可怜。

4... 王 d2 5. 后 e4（图7）

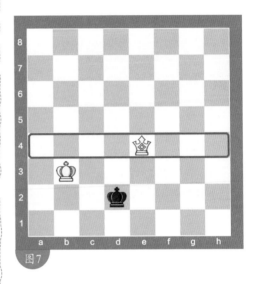

图7

黑王被一点点逼到棋盘底线，白后再次采取"马步"位置限制黑王的活动空间。

5... 王 d1 6. 王 c3

逼迫黑王走到棋盘底线的目标已经实现，下一步的任务就是把己方的王走到合理的位置配合后完成将杀任务。

这里需要特别注意的是，白方不能再次采取后走马步的技巧逼迫黑方的王，因为此时黑王已经无处可去。例如在6. 后 e3之后将形成逼和局面。

6... 王 c1

黑方的王同向第二横向的道路被白王牢牢控制住，接下来白方只需要用后实施致命将军便可以完成将杀任务。

7.后e1#

☗ 要点3：驱赶王的方法技巧

单后杀王过程中驱赶王时可以遵循以下的方法技巧。

1 后与对方的王走出最佳控制位置是"马步"。

2 及时将自己的王靠近对方的王，配合后进一步缩小对方王的活动空间，一步步逼迫王走到棋盘的边线、底线的消极位置。

3 用王管住对方王逃离消极位置的线路，然后用后完成将杀任务。

4 注意，成功将王逼到底线消极位置之后要避免逼和情况发生。

课堂练一练

棋盘上一方多出来的后大多情况下是小兵成功升变，现在我们就从兵升变为后的时刻开始，看看你所想出的单后杀王的着法是不是一样。

图8轮到白方走棋，伴随着c兵升变，棋局当中双方棋子的对比发生巨大变化。白方接下来的任务就从确保小兵升变转变为单后杀王。

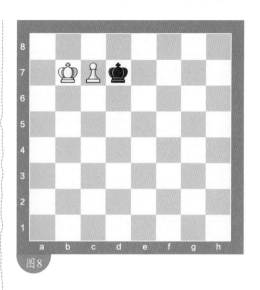

图8

1.c8后＋王d6 2.后f5！（图9）

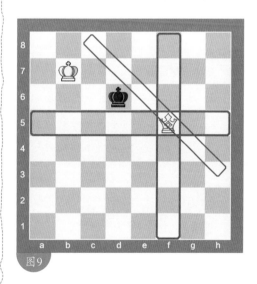

图9

黑方的王已经在棋盘的第6横线，因此白方将黑王向第8横线的底线驱逐效率最高！这里，白方将自己的后与黑王走出了"马步"，能够控制最多的格子。

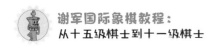

2... 王 e7 3. 王 c6 (图 10)

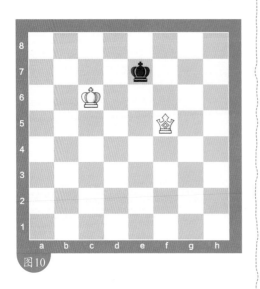

图 10

白后与黑王还是处于"马步"的最佳

控制状态中，因此白方将这一步棋用来调整自己王的位置最合理。

3... 王 e8

黑方的王已经没有好位置可以逃生。如果 3... 王 d8，白方可以在 4. 后 f8# 或 4. 后 d7# 两种将杀方案中挑选一种。

4. 王 d6 王 d8 5. 后 f8#

数一数，你将杀黑王用了几步棋？看一看，你在用后驱赶黑王时，用没用"马步"的技巧？

课 后 作 业

1 复习本课知识内容，练习后和王配合控制对方王的棋艺技巧。

2 记下自己单后杀王练习的步数，看看中间有没有哪个环节的走法可以改进。

3 按照训练计划完成本书的习题。

冠军课堂

单后杀王必须得到己方王的帮助，仅仅依靠单后的力量，最多只能把对方的王逼到棋盘的边线、底线或角格当中，但缺少帮手的后不能单独完成将杀王的任务。熟练掌握王与后配合作战的技术可以大大缩短将杀王的步数，不管劣势一方的王在什么位置，后与王配合构成杀局都不会超过 10 步。这样的标准，你能做到吗？

学习目标

1　学习掌握单车杀王的知识和技巧
2　学习并练习车与王配合把控棋局的技巧

知识讲解

　　单独依靠车的力量难以逼迫或控制对方的王走向棋盘的边线、底线，更别提完成将杀任务了。所以，与单后杀王相比，单车杀王要求棋手更好掌握王与重子配合的技巧。单车杀王必须全程在己方王配合下才能推进，通常20回合之内将杀目标可以达成。

　　在逼王到棋盘边上和构成杀局时，要运用对王战术，也就是说要将局势走成双方的王在直线或横线上相隔一格的局势时效果最佳。单车杀王的技巧需要一定的练习才能熟练掌握，务必记住50回合局面不变就可以判和的规则，不能随意走动王和车的位置浪费过多时间。

♛ 要点1：一个重子杀王需要
　　　　　　己方王的助力

　　图1轮到白方走棋，现在白方多一个车，胜利在望。不过，在单车杀王的过程中，一定要让己方的王及时参与战斗，否则靠单车的力量，根本无法逼迫对方的王远离棋盘的中心。

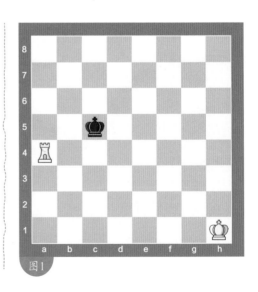

图1

1.王g2

白方先把王向中心走动。图1局面当中假如白方仅用单车对付黑王根本不能奏效。例如：1.车h4 王d5 2.车f4 王e5 3.车c4 王d5 4.车f4 王e5，白方无法依靠一个车的力量逼迫黑王离开中心位置。

1...王d5 2.王f3 王e5 3.车e4+（图2）

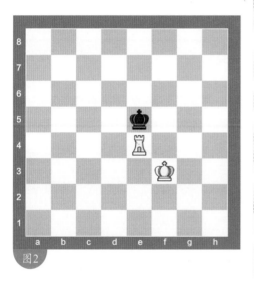

图2

白方通过将军的走法让黑王明确表态位置走向。

白方另外一种走法是3.王e3，达到对王效果。黑方最顽强的应对方式是走3...王d5逃避对王状态。接下来白方4.车a5+时黑方可以采取4...王c4的应对方式，接下来白方5.车h5（图3）。

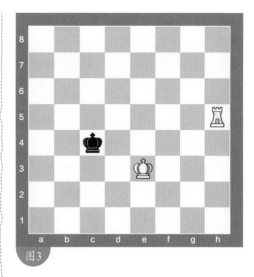

图3

白方通过等待性的走法让车远离黑王的攻击区域，同时将走棋权交给黑方。此时如果黑方走5...王c3再次形成对王状态时，白车可以采取6.车c5＋将军的方式将黑王逼向棋盘边线。

图2白方采取直接将军的方式要求黑王明确位置走向，靠近中心的位置当然是d5格。

3... 王d5

假如黑方采取3...王f5的走法，白方可以采取张弛有度的方式控制黑王的行动空间：4.车e8（管住e线）4...王f6 5.王f4（对王）5...王f7 6.车e1（走远一点，目的在于下一步棋的效果）6...王f6 7.车e5（对王）7...王g6（黑方的王不得不远离中心）8.车f5 王h6 9.车g5（图4）。

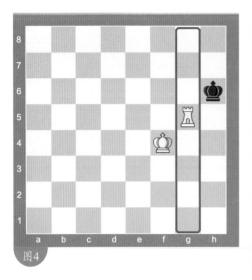

图4

黑方的王成功被逼到边线。

4. 王e3 王c5 5. 车d4（图5）

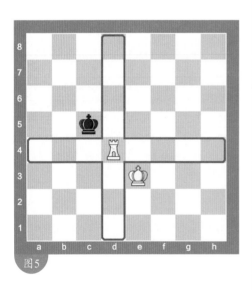

图5

白方的车和王配合，有效阻隔黑王走向中心。

5... 王b5 6. 王d3 王c5 7. 王c3 王b5（图6）

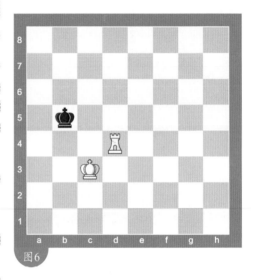

图6

黑方的王被迫更加远离中心线路。

8. 车c4 王a5 9. 车b4（图7）

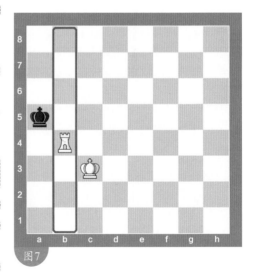

图7

至此，白方成功将黑王驱赶到棋盘的边线上。

黑方另外一种应对方式是采取王向底线的7...王c6（图8）的下法。

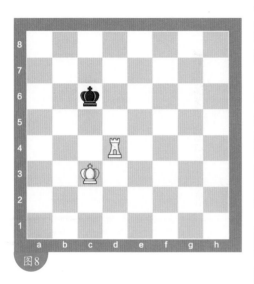

图8

白方可以应以8.王b4 王b6 9.车d6+ 王c7 10.王c5（图9）。

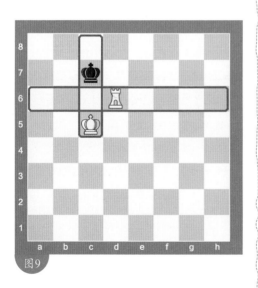

图9

白方不断借助对王手段逼迫黑王走向棋盘底线。接下来的棋局发展变化可能是：

10...王b7 11.车c6 王a7 12.王b5 王b7 13.车c1 王a7 14.车c7+王b8（在14...王a8 15.王b6 王b8 16.车c1 王a8 17.车c8#，白方成功将杀黑王）15.王b6 王a8 16.车c8#，将杀成功。

◆ 要点2：单车杀王步骤

1 先把己方的王走到靠近对方王的位置。

2 用车放置在对方王相邻的线路，制约住对方王的逃窜范围。

3 采取对王的方式全面限制对方王的活动空间后用车将军。

4 重复步骤直至将对方的王成功逼迫到棋盘边线或底线。

5 用王控制住对方王逃离底线、边线的格子，用车实施将杀打击。

课堂练一练

课堂练习：白方先走（图10），黑王已位于底线，如何将杀黑王？

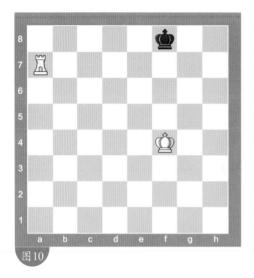

图10

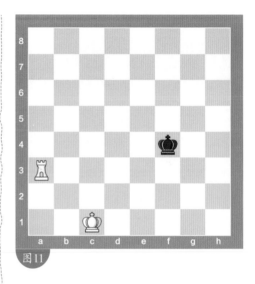

图11

图10中，白车已经处于最佳位置，现在白棋的任务是走到能够全面限制黑王逃离底线的位置，然后实施将杀行动。参考答案如下：

1.王e5 王e8 2.王d6 王f8 3.王e6 王g8 4.王f6 王h8 5.王g6 王g8 6.车a8# 白胜。

课堂练习2：白方先走（图11），黑王在棋盘中心位置，如何将杀黑王？

图11中的黑王活动空间很广，白方的首要任务是王和车协同作战将黑王逼到棋盘的边线或底线，然后采用练习1当中的技巧要领。参考答案如下：

1.王d2 王e4 2.车a4＋王d5 3.王e3 王c5 4.王d3 王d5 5.车a5＋王c6 6.王d4 王d6（如果6...王b6，则7.车c5把黑王向边线驱赶。）7.车a6＋王c7 8.王d5 王d7 9.车a7＋王c8 10.王d6 王b8 11.车d7 王c8 12.王c6 王b8 13.车h7 王a8 14.王b6 王b8 15.车h8#白胜。

单车杀王的步骤和技术要领要多练习几次，这样就不会出现车围着对方的王打转、管不住对方王活动线路的问题了。

课后作业

1 复习本课知识内容，针对车王配合控制对方王的技巧加强练习。

2 通过学习和练习形成体会，用自己的话讲述对对王技术的理解。

3 按照训练计划完成本书的习题。

冠军课堂

单车杀王在重子杀王知识单元难度最高，重点和难点在于车和王配合控制对方王的技巧。把握主要原则，建立王车协调配合控制对方的王——逼迫对方的王到棋盘的边线、底线——控制王离开底线、边线的出逃线路——实施将杀的策略，准确把握行动主基调完成单车杀王任务。

学习目标

1 学习掌握可以直接判和的局面知识

2 正确理解王的安全重要性以及攻击和防卫能力

知识讲解

定式和棋在国际象棋和棋中比较少见，因为棋局符合定式和棋条件时棋手可以直接要求裁判进行裁决判和，所以这部分内容是棋手必须掌握的棋艺知识基本功。带有强制性的定式和棋对棋盘当中棋子的数量有着严格的规定，当棋局符合定式和棋的情况时，棋局判定和棋自动终止。

 要点1：定式和棋是什么

定式和棋是棋盘上剩下的棋子不足以制造将杀对方王的行动，这时可以要求裁判判和。定式和棋是一种强制性的和棋方式，只要棋局形势满足定式和棋的条件，裁判便可以根据规则规定进行判和，棋手无权提出异议。

定式和棋情况发生在双方战斗到最后的时刻，比如，当双方都只剩下王，两个"光杆司令"谁也没有额外的战斗力来组织任何行动。或者，一方有一个王加上一个马或者一个王加上一个象对付另外一方单王时，任凭多子的一方怎样努力，也无法将对方王的活动空间有效限制住，形成将杀局势。

 要点2：定式和棋的情况

定式和棋有以下4种情况：

单王对单王；

单马＋王对单王；

单象＋王对单王；

单象＋王对单象＋王（同格象）。

图1中双方只剩下光杆司令，王不可能将杀另外一个王，和棋。

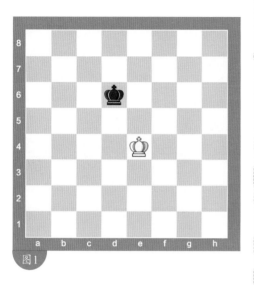

图1

单象和王齐心协力能达到的极限是将对方的王逼到棋盘的边线或底线，但是无法满足将杀的要求。因为子力优势一方的王无法在象将军时，全面控制对方王的活动区域。

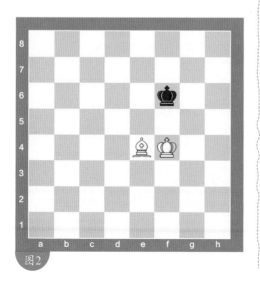

图2

例如在图2当中，白方可以通过1.象f5 王e7 2.王e5 王f7 3.象d3 王g7 4.王e6 王h6的走法将黑王成功逼到棋盘的边线，但是在5.王f6 王h5 6.象e2＋的情况下，黑方的王仍有活动的自由。

即便图3当中已经走成王和象把对方王严密控制住的局面，轮到白方走，黑方的王将找到活动空间。轮到黑方走，逼和情况将发生。

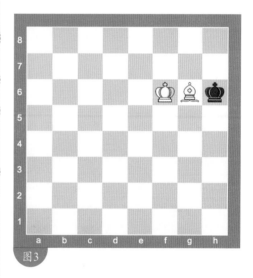

图3

图4中黑方遭遇同样的情况，单马加王的力量不足以将杀白王，尽管现在白方的王已经被逼到棋盘的角格，但是在马实施将军时，白王总能找到一个逃生通道。要不然，就可能引发逼和情况发生。

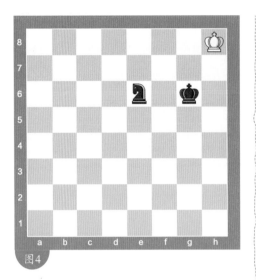

图4

定式和棋还有一种特定的情况，那就是单象对单象（图5），前提是双方的象处于相同颜色的格子里。因为两个象只能在相同颜色的格子里，所以当一方象将军时控制不住另外颜色的格子活动空间，被将军的王总是可以找到求生之路。

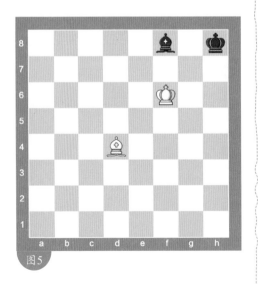

图5

因此，单象对单象（必须是同色格象）符合定式和棋要求，可以直接判和。

要点3：不能判和的局面（有兵存在）

棋盘上数量最多、杀伤力最弱的棋子是兵，但是因为兵存在升变为其他棋子的可能性，所以只要棋盘上有兵，就不符合定式和棋的要求。

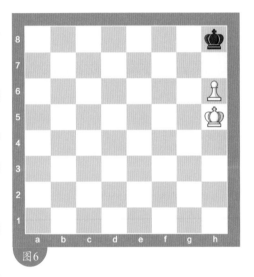

图6

图6中黑方的王可以顺利完成监控白兵升变的重任，但是此时存在黑方出现严重错误"帮助"白兵完成升变的可能性。因此，在图6的局面中，双方棋手要通过对弈方式来决出棋局的结果。

为什么会是这样的情况呢？明明黑方的王已经把白兵看守住了，只要白兵无法升变就应该是和棋。但是黑方在走棋时可能出现明显失误，棋局结果还存在变数。

图6棋局接下来的变化应该是1.王g6王g8 2.h7＋王h8！。

图7状况下，白方如果走3.王h6则是
逼和，把王走到其他位置，白方的h7兵
不保，对局下成和棋局势。

图7

但是，代替黑方2...王h8准确下法还
有一种可能性，那就是黑方采取2...王
f8??的走法，让白方有机会走3.h8变后将
军（图8），那样一来，棋局就一下子转
变为白方单后杀王的局面了。

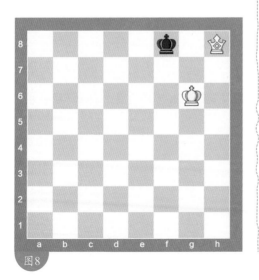
图8

黑方因为错误地将王走到f8格，令
白方能够喜从天降实现h兵升变，从而获
得胜势局面。

课堂练一练

请你对下面的棋局是否符合定式和棋
做出判断。

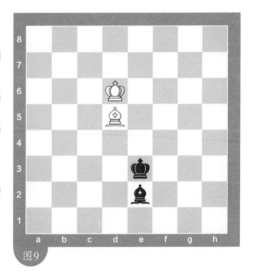
图9

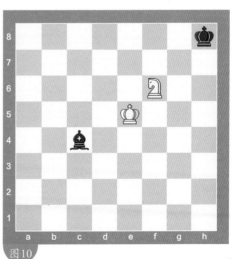
图10

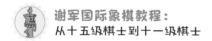

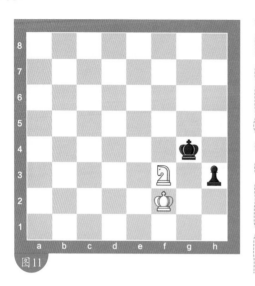

图11

参考答案：图9符合；图10、图11不符合。

1　复习本课知识内容，加强对定式和棋的认识和理解。

2　通过练习熟练掌握定式和棋的几种情况。

3　按照训练计划完成本书的习题。

冠军课堂

　　当棋局形势满足定式和棋要求时，棋局形式必须符合任何一方不管怎样努力或走出多么严重的错棋都不会改变和棋结果的条件。简言之，定式和棋局面当中将杀情况无论发生什么情况都不会出现。从双方的子力兵强马壮到定式和棋，棋局经历了漫长而激烈的对抗，真正的血战到底。了解并熟练掌握定式和棋，有助于棋手在需要时合理进行棋子兑换，将棋局引入有利方向。

第12课

残局
理论和棋（二）
不可直接判和的局面

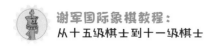

学习目标

1. 学习符合理论和棋条件，但不可以直接判和局面的相关知识
2. 学习并熟练掌握定式和棋与不可以直接判和局面的区别

知识讲解

在实战对局当中，棋局有时会走成一个众人都认为是和棋，但是规则上不可以直接判和的局面。在类似"官和"的局面当中，一旦棋手犯下严重错误便可能导致翻盘情况的发生，因此处理类似局面时，棋手万万不可以认为和棋成定局而掉以轻心。

♛ 要点1：势必走向和棋的情况

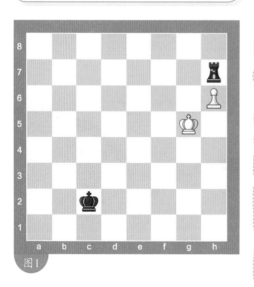

图1

图1是1991年国际象棋女子世界冠军

赛第15局较量中真实发生的局面，白方刚刚走了62.王g5，这时黑方棋手提议和棋。

虽然黑方没有按照规则要求在走完棋之后就提和表达出一种无可奈何的情绪，但凡黑方能够继续找到战斗机会也不会建议和棋，因为这局棋只有获胜她才有机会延续对抗赛的竞争机会。但是，此时棋局形势对于职业高手而言已经没有继续战斗的意义，因为白方h兵在王的保护下朝着底线冲锋，接下来黑方势必要用车换掉白方的h兵，这样棋局就会转换为双方只有单王的必和局面。比赛下到这个程度，已经称得上是双方棋手战斗到最后的一兵一卒！

棋局不必下到最后单王对单王，当双

方棋手都意识到棋局的战斗已经没有更多"节外生枝"的可能性时，类似的局面下通常一方棋手会提出和棋建议，另外一方欣然接受。对于势必走成和棋的局面，棋手要以长远的眼光提前进行预判。

不过，对于图1的必和局面，由于棋盘上有车、有兵，当下情况不符合可以直接判和的条件。所以，假如没有一方棋手提议和棋，棋局也要正常进行。

 要点2：双马对单王

双马对单王是理论和棋，但是不能按照定式和棋规则进行直接裁决，因为单王的一方有可能犯下低级错误导致被将杀。也就是说，理论上双马对单王还存在将杀的可能，因此从规则的角度，不能判和。

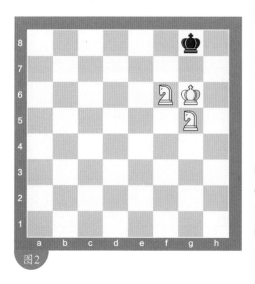
图2

图2中黑王正被将军，此时如果黑

方将王走到f8格，那么对于黑王的活动空间而言，棋盘上又会是一片广阔天地。但是，如果此时黑王走了1...王h8，就会遭遇白方2.马f7#的打击（图3）。

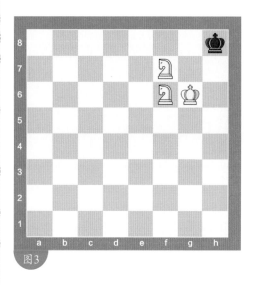
图3

双马将杀单王时一定要把弱方的王逼到棋盘角格才能实现，但是，鉴于马的行动特点是"变色龙"——处于白格时下一步棋必定走到黑格，反之，黑格的马下一步棋就会走到白格，我们就能理解为什么在单王一方不犯错误的情况下，双马难以兼顾控制王向中心区域逃跑和角格将杀的目标了，因为实施最后将杀任务的马行动速度没有那么快！

为了更好地理解前面提到执行将杀任务的马的行动速度问题，我们通过图4的局面来进行解读。图4中白方位于e6格的马管住了黑王走向f8格的通道，于是当黑王在g8格被将军时只能走向h8格。

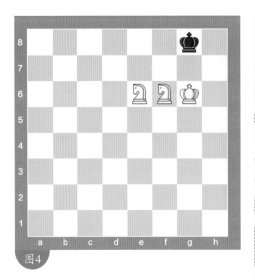
图4

走，逼和情况发生了！因此，双马对单王，理论上是和棋，但不属于定式和棋，因为黑方可能让自己的王自投罗网。

要点3：单马对单马

单马对单马是理论和棋，当然和棋的前提是棋手不会犯下低级错误。单马对单马存在将杀的可能，因此从规则的角度，不能判和。

不过，在黑方1...王h8之后，摆在白方面前新的问题是f6马要继续看管g8格不能动，e6马不能在一步棋之内实现攻击h8格的目的。因此，白方需要2.马g5（图5）进行子力调动。

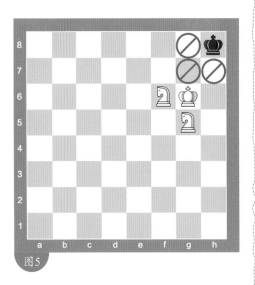
图5

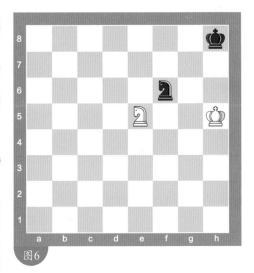
图6

图6轮到白方走棋，经过1.王g6 马g8?? 2.马f7#的变化之后，白方成功将杀黑王。

很容易发现，黑方1...马g8这步棋是败着，刚才黑马无论走到哪里王都不会被将杀，哪怕直接把马送给白方吃，也将形成定式和棋的局面。

图5局面当中，黑王并没有被将军，但是黑方已经没有合乎规则要求的棋可以

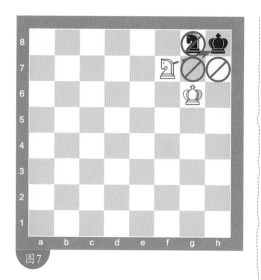

图7

但是，偏偏黑方存在走马到g8格的可能（图7），将自己的王堵在棋盘角落配合对手将杀的低级错误也可能出现。

要点4：单马对单象

单马对单象同样是和棋，当然前提还是棋手不会犯下低级错误。

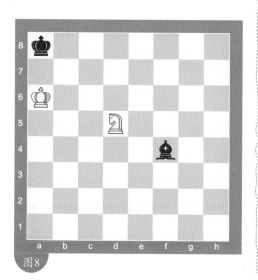

图8

图8轮到黑方走棋，假如黑方不小心走了1...象b8，那么黑王的活动路线被牢牢堵住，白方2.马b6便可以一举将杀黑王（图9）。

图9

同样的情况还可能发生在单象方将杀单马一方的王。

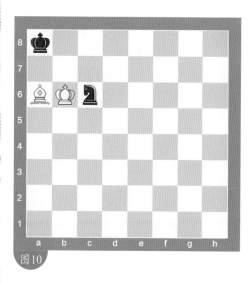

图10

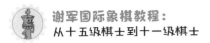

图10轮到黑方走棋，假如黑方走出1...马b8??，就给了白方2.象b7#将杀黑王的机会（图11）。

图11

因此，单马对单象的局面，通常人们会表述为是和棋，但不符合定式和棋可以判和的条件。

**要点5：单象＋王对单象＋
王（异色格象）**

单象＋王对单象＋王（同色格象）的局面符合定式和棋的条件，单象＋王对单象＋王（异色格象）的情况可以称之为和棋，但不符合定式和棋的条件。

图12局面中，假如黑方走1...象g8??，白方当然会抓住这样一个千载难逢的机会应以2.象f6#（图13）。

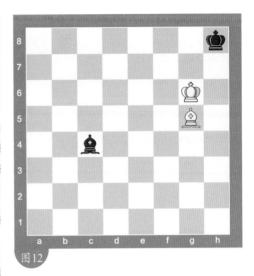

图12

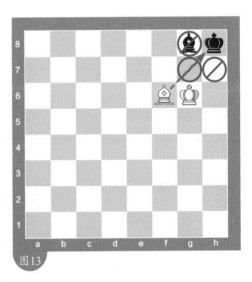

图13

通过了解这些必和局面中"意外"情况的发生，棋手要进一步认识到残局王的位置很关键，不要轻易把王走到活动空间最受约束的棋盘角格里。

1 复习本课知识内容，通过不可以直接判和的棋局特征理解只要棋局还在继续就要认真对待的道理。

2 通过动手练习和思考，理解并掌握在"官和"局面中不出现低级错误的关键技巧。

3 按照训练计划完成本书的习题。

冠军课堂

棋手需要认真负责战斗到最后一刻的道理说起来很容易懂，但是做起来时因为马虎大意或者想当然情况而导致低级错误发生的例子经常出现。这就说明棋手一方面要提高思想重视程度，下棋时保持一贯严谨的思考和认真态度，还要在平时训练时加强基本功的练习和掌握，为棋局当中做出正确判断打好基础。

 学习目标

① 学习非典型和棋的知识和技巧
② 学习封闭局面的特点，了解行棋权的重要作用

 知识讲解

　　在正规比赛对局当中，有些棋局看起来双方的棋子数量很多，但是不知道为什么会早早以和棋的结果鸣金收兵，并且大家认为这样的结果很正常，并不是因为棋手缺少斗志的原因才结束战斗。类似的局面往往具有局形封闭和棋子难以找到突破口的特点。

👑 **要点1：封闭局面的特点**

　　棋局经历了漫长的对抗之后，有时双方还在棋盘上剩下很多棋子，形成的局势看起来很复杂，但是因为双方的棋子都突围不出来，所以实际上需要关注的风险点比较集中，处理起来相对"容易"。

　　图1就属于封闭局面下双方需要关注的风险点非常集中的"容易"局面。目前，双方的兵处于一种无法动弹的境地——王翼上的兵都封得死死的，后翼上的兵唯一可以动弹的格子都在对方兵的严密监控下，因此白方不敢挺进兵到b4，黑方也不会冲兵到b5。因此，初步分析棋局之

后我们可以得出的清晰判断就是，双方的王成为能否发挥攻击作用的唯一棋子。也就是说，一旦某方的王可以实现入侵进攻到对方的兵，该方将会主宰全局走势。

图1

有了初步的判断之后再来审视棋局，不难发现能够通向对方阵地的线路只有棋盘中心的几个格子，所以这里也成为双方的争夺焦点。处理好这几个格子的争斗，就能顺利解决棋局当中面临的挑战。

图1局面，无论哪一方先走，在正确应对的前提下棋局将成为一盘和棋。

1. 王e4

白方不能因为棋局呈现封闭状态便放松警惕，在双方都盯住唯一入侵通道的局面当中，每一步棋的走动位置都需要精准才行。现在，假如白方走1. 王e3，黑方则应以1... 王e5!（图2），白方陷入困境。

图2

白方多么希望图2的局面是轮到对方走棋，那样的话白王就可以坚守在e3格，不让黑王入侵到白方的阵地当中。而偏偏，现在轮到白方走棋。如果白方采取2. 王f3的下法，黑方将应以2... 王d4；如果白方走2. 王d3，黑方将以2... 王f4的方式从另外一条通路实施入侵，攻击白方王翼上的兵。

图2的局面轮到黑方走是和棋，因为白方可以防止黑王继续入侵。轮到白方走则黑胜，因为白王无法阻止黑王入侵。封闭局面下双方对抗的焦点就是这么直接！

面对白方王走到e4准备继续前行的威胁，黑方应该怎么应对呢？

1... 王e7!（图3）

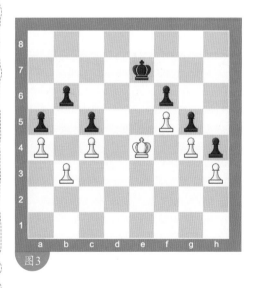

图3

好棋！黑方必须精确走出这一步，才能守住通向自己阵地的通道，确保黑兵不会受到白王的攻击。假如黑方走1... 王d7，白方则会应以2. 王d5（图4）。

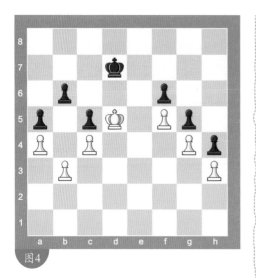

图4

图4的局面轮到黑方感叹：此刻要是轮到白方走棋该有多好！现在的局势，黑王下一步棋走到哪里都将会放行白王入侵。例如当黑方走2...王e7时，白方可以采取3.王c6攻击黑方的b6兵，黑方后翼兵将接连受到毁灭性的攻击；如果黑方采取2...王c7的走法，白方则应对3.王e6，黑方的f兵难以防护，王翼兵将被一个个消灭掉。

一旦黑方的王无法对白王入侵进行有效防守，那么兵的安全就不能得到保障。简言之，这个局面轮到白方走是和棋，轮到黑方走则白胜。其中的道理，与图2中的白方所面临的难题相同。

2. 王d5 王d7！

形成图4的局面，不过现在轮到白方走棋，该谁走棋很关键！现在，白方除了

把王退回到e4格之外，没有其他合理的走法。

3. 王e4 王d6 4. 王f3！

考验白棋的时候到了！如果白方走4.王e3，那么黑方4...王e5（图5）。

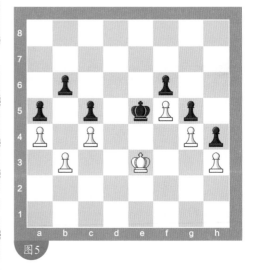

图5

形成与图2相同的局面，且轮到白方走棋，黑王将顺利入侵白方阵地。

4... 王e5 5. 王e3

还是与图2、图5一模一样的局面，唯一不同的是这个局面轮到黑方走棋，这是决定棋局结果的关键要素！

5... 王d6 6. 王e4 王e7！

记住，这里黑方万万不可以随手走

6...王d7，那样的话就会陷入难以监控白王入侵的被动局势。

棋局经过双方不断尝试，经过不一样的走棋次序形成了相同的局面，对于中心的角逐成为双方棋手的关注点。在双方都应对准确的前提下，鉴于双方的兵都难以行动获得更多的战斗机会，棋局将以和棋结束。

⬧ 要点2：突破不出来的城堡

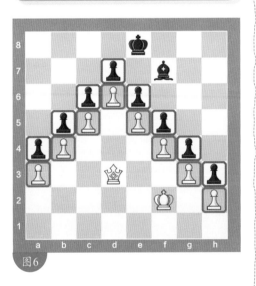

图6

图6是一个较为罕见的局面，虽然白方占据了绝对的棋子分值优势，但是由于双方的兵都完好存在，并且兵形呈现完全封闭的状况，因此白方难以找到行动的突破口，无论轮到哪一方走棋，棋局都将以和棋告终。

封闭局面的最大特点就是难以找到行动的突破口，没有突破口也就谈不上攻击对方阵营当中的弱点。

图7局面中我们把图6中的白后从棋盘上拿下去，你会惊奇地发现对整个棋局的走势也没有任何改变。因为黑方的象和兵都位于白格，所以黑象无法攻击到另外一个颜色格子的阵地，所以双方的棋子都只能在兵链之内的阵营中走来走去，棋局结果是和棋。

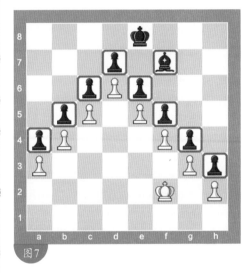

图7

封闭局面当中的有效突破将直接决定棋局走势，所以千万不要以为兵形呈现封闭状况就一定能阻止对方的棋子入侵。

棋局当中任何一个棋子因素的改变都会对整个棋局带来巨大的变化。

与图7相比较，图8中黑方象的位置由白格变到黑格当中，此时黑象能够对白方的兵阵发起攻击，因此图8局面中黑方多出来的这个象是实实在在的战斗力：黑

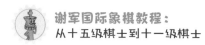

方只需要把王走到h5之后，接着用象消
灭白方的f4兵，然后就能打破白兵的封
锁，棋局将以黑方的胜利告终。

　　封闭局面和突破不出来的城堡和棋方
式在实战中都较为罕见，敏锐发现棋局特
点和突破口，在封闭局面当中非常重要。

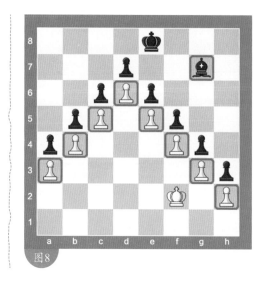

图8

　1　复习本课知识内容，加强对封闭局面和棋子攻击作用的理解认识。

　2　说一说你理解的封闭局面具有什么特点，想一想在类似的局面当中如何找到
行动突破口。

　3　按照训练计划完成本书的习题。

冠军课堂

　　在局形封闭难以实现突破的局面当中，棋子的价值大打折扣，因为己方或对方
的兵严严实实将棋盘上的行动线路都封住了，棋子被闷在阵地里出不去。这时，主
要关注点应该是棋局当中是否有突破口，如果没有行之有效的突破行动，哪怕一方
占有棋子数量的优势，也无处着力，棋局将以和棋告终。

第14课

开局原则（一）
抢占中心

学习目标

1 学习并理解开局抢占中心的重要作用

2 学习并初步掌握用兵或其他子力占领中心的知识和技巧

知识讲解

　　开局是棋手排兵布阵的重要阶段，随着棋局渐渐开启，棋子纷纷出动落实棋手的行动计划和方案。棋子走到合理位置一定要秉承正确的开局原则，否则就成了东一榔头西一棒子的随意走子，缺少计划更难以体现棋手的思想。

◆ 要点：认识中心的重要性

　　棋盘中心是双方棋手的必争之地，因为从中心调动子力的时效性最强，效率最高，同时当一方牢牢把控了中心之后，另外一方的空间随之受到挤压，子力迂回调动将受到影响。因此，在开局阶段力争用兵或其他棋子有效抢占棋盘中心是棋手需要遵循的一个要领。抢占中心的策略可以是将中心区域的兵挺进，也可以是棋子走向中心，或者是制订计划攻击对方中心位置的棋子，从而达到争夺中心的目的。

1.e4 马f6（图1）

这个开局变化中黑方采用先出动子力

而不是走中心兵的方式，目的在于试探白方开局的应对能力，同时引诱白方的兵在其他棋子还没有及时跟进的情况下行动，然后再用自己的兵去破坏白方中心获得战斗机会。

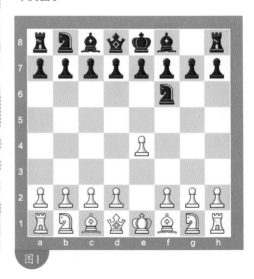

图1

这个开局变化不是一个流行的走法，毕竟中心被白方的兵掌控，黑方比较容易由于处理不当反而快速溃败。不过，这个开局往往在临场能产生出其不意的效果，因此采取这一开局的棋手大多是偶尔为之。

2.e5 马d5 3.d4 d6（图2）

图2

黑方中心挺兵，目的在于邀请白方进行中心兵的兑换并破坏白方建立的兵中心。

4.马f3

在其他子力还没有行动到位的时候，急于挺进兵占领中心的计划难以实现。例如白方4.f4，黑方可以4...d×e5 5.f×e5 c5。黑方采取用兵冲击白方中心的行动，白方中心兵阵根基不牢。

抢占中心是开局的重要原则，但是前提是这个中心能够占得稳、保得住，因此白方如果采取4.c4的下法，黑方应以4...马b6 5.e×d6 c×d6（图3），白方的中心行动效果并不明显。

图3

形成一个复杂的战斗局面，白方试图占据中心，黑方有效进行反击。图3当中白方的e5兵已经被交换掉，黑方将来可能利用e兵的挺进在棋盘中心谋取行动的机会。

4...象g4 5.象e2 g6（图4）

黑方采取侧翼出象的计划，目的在于将更多棋子的矛头指向攻击白方的e5兵，进而迫使白方在中心上主动采取兵的兑换行动。如此一来，黑方就可以确保在中心上的战斗不会落入下风。

图4

不要忘记棋子的兑换可能会改变兵形和局势的同时，还可能把对方棋子送到理想的位置。例如现在假如黑方采取4...d×e5 5.马×e5 象×e2 6.后×e2（图5）的下法，白方在前面两步棋当中借势出子，兑换棋子所浪费的步数令黑方的棋子出动速度落入下风。

图5

为什么说白方在图5局面中已经获得出子的先手呢？用简单数数的方式便可以验证：白方已经有3个棋子出动，黑方只有一个。同时，白方可以快速采取短易位将王走到安全位置，随之而来的还有后到b5将军或后到f3消灭f7兵的威胁。黑方唯一出动的马在d5格并不理想，随时需要考虑如何应对白方挺兵c4的叫吃威胁。综上，我们可以得出白方已经获得开局优势的结论。

6.马g5

这是很有欺骗性的一步棋，白方利用少数的棋子间配合开始对黑方的阵地发起攻击。假如黑方应对不是很准确，白方的子力可能快速杀入黑方的阵地。现在，白方比较稳健的下法是6.0-0，王车易位之后将更多的棋子投入到战斗当中。

6...象×e2 7.后×e2 d×e5??（图6）

黑方果然上当，对于白方跃马到g5可能产生的威胁没有产生足够的警觉。现在黑方应该采取的下法是7...e6，经过8.c4 马b6 9.马c3 象g7 10.0-0 d×e5 11.d×e5，进入一个相对平稳的局面。

或者，黑方将白方入侵的棋子赶回，采取7...h6 8.马f3 马c6 9.0-0 象g7的走法，也能形成一个比较稳健的阵型。

图6

8.后f3!（图7）

图7

　　白方敏锐地抓住黑方阵地上的弱点，调动子力集中火力进行攻击。黑方的f7兵难以防守，同时鉴于a8~h1斜线上的b7兵缺少保护，因此黑方位于d5的马动弹不得，也不能采取退马到f6格的行动方案。

8...f6 9.马e6 后d7 10.后×d5!（图8）

图8

　　白方采取了一个漂亮的先弃后取手段，消灭了黑方的d5马。黑方只好眼睁睁看着d5马被吃掉，因为在10...后×d5之后，白方有一步威力极大的走法11.马×c7+（图9）。

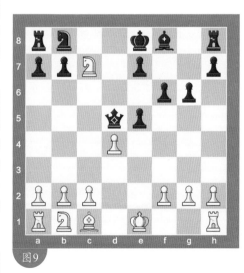

图9

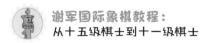
白马将军同时攻击黑方位于d5格的后。接下来无论黑方的王避将走到哪个位置，白方都将应以12.马×d5。通过凌厉的攻击手段，白方多掠得一马，获得胜势局面。

1 复习本课知识内容，加强对开局抢占中心理念的理解。

2 回忆自己下过的对局，说一说自己在哪一局开始阶段获得了中心的优势，哪一局开局阶段被对手压住了中心。

3 按照训练计划完成本书的习题。

冠军课堂

抢占中心是国际象棋开局的重要原则，掌控棋盘的中心区域意味着有更充足的空间调动子力，进而向对手的阵地投入更多的攻击力量。抢占中心的关键在于占领中心和抢夺中心。自己占领了中心，要学会维护；对手占据了中心，要学会有效制订对抗计划攻击中心，让对手的如意算盘落空。

学习目标

1 学习开局正确出子的知识和技巧
2 认识开局当中重复走动某个棋子的弊端

知识讲解

　　尽快出子，就是争取用最少的步数出动最多的棋子，同时占据理想的位置。开局伊始，摆在双方棋手面前的是对称的阵势，随着棋局发展黑白双方的棋子有序出动，速度快的一方便拥有更多的机会用己方的棋子占据有利位置，进而构建积极主动的阵营。

要点1：争取出子占先与避免出子落后

　　开局阶段，要争取将更多的棋子调动出来发挥作用，而不是停留在原始的位置当中。除非找到特别的进攻靶子，否则一定避免过早重复走动某个棋子，而是应该调动更多的棋子参与棋局战斗。

　　当一方出动的棋子比对方多并占据理想的位置时，这一方的出子占先，另外一方出子落后。出子落后将对棋局发展产生弊端，这时虽然双方棋子的数量相当，但出子占先一方的棋子更容易发挥积极主动

作用，出子落后的一方则要忙于应对各种进攻威胁，导致阵地当中越来越多的弱点暴露出来，处于消极应对状态。

要点2：弃子抢先与积极应对

　　在国际象棋开局当中，有些变化不惜采取弃兵、弃子的行动来争取快速出子和主动权。类似的弃兵开局中，弃子进攻方要强化聚焦攻击目标，防守方要注意采取主动防守的积极行动，必要时将获取的子力收获"送还"回去，以此赢取时间完成出子，形成坚固的阵营。

1.e4 e5 2.d4 e×d4 3.c3（图1）

白方弃兵的意图是为了出子占先。

图1

3...d×c3

弃兵可以接受，也可以拒绝。此时黑方可以选择可拒吃弃兵3...d5（图2）反击中心。

图2

黑方挺进中心兵加快了子力出动。后面的变化可能是：4.e×d5 后×d5 5.c×d4 马c6 6.马f3 象g4 7.象e2 马f6。黑方较好地完成了出子，双方机会大致均等。

4.象c4（图3）

图3

白方为了加快出子的速度继续弃第二个兵，从而汇聚更多的力量攻击黑方阵营。代替白方4.象c4的下法是4.马×c3，黑方可以应以4...象b4，然后再挺兵到d6。

4...c×b2

黑方获取第二个兵，当然为此也付出了帮助白方黑格象快速出动的代价。现在黑方可以考虑走4...d6，经过5.马×c3 象e6 6.象×e6 f×e6 7.后b3 后c8 8.马f3 象

e7之后，白方以一个兵的代价获得出子速度的优势，棋局处于不均衡状态。

5.象×b2（图4）

图4

白方虽然少了两个兵，但是子力出动速度极佳。在这样的棋局形势当中，进攻方要千方百计保持子力处于积极主动的位置，防守方要想办法出子，必要时将获取的棋子优势退还，以换取时间完成出子。

黑方可能以为5...象b4+?将军是一步先手棋，但其实却将g7兵的弱点暴露出来。现在黑方应该考虑采取5...d6的下法，在6.马e2 马c6 7.0-0之后采取7...象e6的下法，希望能够通过子力兑换减轻局面压力。

黑方更为主动的下法是立即送还两兵走5...d5（图5），针锋相对与白方抢夺中

心，白方消灭d5兵时耗费的时间将弥补黑方的出子速度。

5...d5

图5

黑方挺进中心兵打开中心通路，接下来6.象×d5 马f6（黑方出马带着攻击白方d5象的节拍，抢速度）7.象×f7+（在7.马c3 象e7 8.后b3 0-0之后，黑方成功完成王车易位，将王转移到安全的位置）7...王×f7 8.后×d8 象b4+（图6）。

关键的将军，黑方确保将白后吃回。9.后d2 象×d2+10.马×d2 c5，双方棋局大致机会均等。

6...后 g5

看上去是一步先手棋，既保护了 g7 兵，同时还威胁在 d2 格进行大规模子力交换。不过，接下来的棋局验证了出子速度面前，防守重子的贸然出动只会令进攻方增加攻击目标，攻势推进如鱼得水。

7. 马 f3 后×g2 8. 车 g1!（图 8）

图 6

6. 马 d2（图 7）

图 7

黑方遇到一点麻烦。现在 g7 兵受到攻击，黑方也舍不得用唯一出动的 b4 象换取白方的 d2 马。

图 8

这是非常大胆的一步棋，白方需要进行精准的计算之后才能做出这样的决定。

8...象×d2+ 9. 王 e2!（图 9）

白方在走车到 g1 时一定看到了这样的应对方法，否则无论用哪个棋子直接消灭黑方的 d2 象，都会导致黑后的攻击能力大大增强。白王冷静地走到 e2 格，黑方无奈只

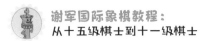

有走后逃离白车的攻击，又损失了一步棋。

图9

9...后h3 10.后×d2（图10）

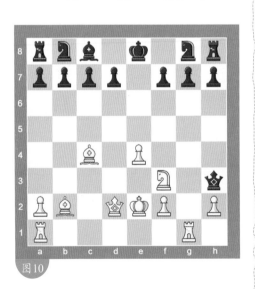

图10

在图10当中我们看到了一个奇怪的景象：白方几乎所有重子、轻子都出动了，在开放的线路上发挥着攻击作用。而黑方

只出动了一个后，这个后还蜷缩在不利的位置上。图10局面中尽管黑方多了3个兵，但是在白方强大的出子速度面前，感觉到黑方毫无战斗力。

10...马f6 11.象×f7＋王d8

黑方11...王×f7，将遭遇白方12.马g5＋借将军抽吃黑后；如果走11...王f8，白方则应以12.后g5，威胁制造将杀。

12.车×g7 马×e4?

黑方再次贪吃，白子只会令其失败加速。

13.后g5＋!马×g5 14.象f6＃

白胜，出子落后是黑方迅速失利的直接原因。

♕ 要点3：避免重子过早出动

开局阶段应该首先出动哪些棋子呢？是不是应该把威力大的棋子早早出动攻击对方阵营呢？

一般情况下，开局阶段不要盲目将威力大的重子轻易出动，率先冲杀出去的应该是兵和威力相对较小的轻子。道理很简单，因为一旦后、车这样的重子过早出动且得不到其他棋子的配合，就很容易成为对方攻击的目标。为了应对频繁的攻击，调动重子就会浪费时间（步数），最后导致出子落后。

1.e4 d5 2.e×d5 后×d5 3.马c3

白方既出动了马，又攻击了在中心d5格的黑后。

3...后a5（图11）

图11

黑方为了完成中心兵的兑换付出了黑后早早出动的代价，如果棋局后期黑方幻想着后杀出来就能有所作为，那就会给黑方带来大麻烦。

4.d4 马f6 5.象d2

瞄准黑后，令后在a5格的位置也不踏实。

5...c6

黑方给后找到了回防的线路。

6.象c4（图12）

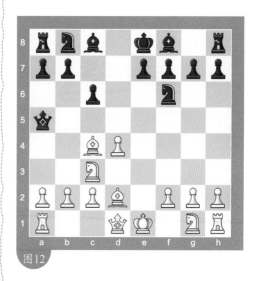

图12

白方已经出动了3个轻子，而黑方只出动了一个。虽然现在黑后是安全的，但是我们从子力出动的数量上来评判，都会得出白方出子速度占优的结论。不得不说，黑方为了兑换中心兵付出了一定的代价。

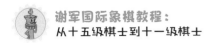
课后作业

1 复习本课知识内容，加强对开局尽快出子原则的认识。

2 学习并理解开局当中尽量避免重复走动某个棋子的要求，懂得开局阶段要子力协调出动全面推进的道理。

3 按照训练计划完成本书的习题。

 冠军课堂

　　出子占先在开局阶段非常重要，拥有更好出子的一方往往快速掌握棋局发展的主动权，拥有更大的空间排兵布阵，进而向对方的阵营施加攻击压力。学会开局尽快出子，避免无目的重复走动某个棋子，让更多棋子的能量释放出来，这样才能得到一个满意的开局过程。

第16课

开局原则（三）
子力协调配合

学习目标

1 学习并理解开局阶段子力协调配合的重要性
2 学习并认识棋局阵型完整的重要性，认清局形弱点的弊端

知识讲解

开局阶段需要抢占中心和尽快出子，在此基础上棋手还需要建立构建完整阵型、注重子力之间协调配合的观念。要知道每个棋子的威力不同，行棋特点也不一样，棋子之间形成相互防守、重子与轻子配合非常重要。开局中要善于攻击对方阵营的弱点，牢记王的安全永远是棋局第一要务。

♛ 要点1：避免自毁阵型

下棋讲究子力协调配合，避免孤军冒失行动，切忌破坏阵型。阵型的破坏往往是棋局一开始便把兵走到不恰当的位置当中。例如在国际象棋最短将杀棋局当中出现的情况，都是因为阵型严重破坏所导致的后果。

执白棋，最短将杀取胜棋局只需要3个回合。

1.e4 f6？ 2.d4 g5？？ 3.后h5#（图1）

黑方贸然挺进f兵和g兵，为白方的

后在e8~h5斜线上的将杀敞开大门。

图1

执黑棋，最短将杀取胜仅需要两个

回合。

1.f4 e6 2.g4？？后h4#（图2）

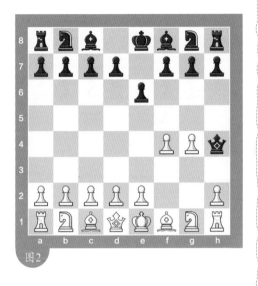

图2

白方贸然挺进g兵无异于"邀请"黑后在e1~h4斜线上形成将杀，因此这种情况也被称为"愚人杀局"。

通过以上两个例子，我们清楚地看到冒冒失失暴露阵型弱点的走法等于自毁家园。让自己的棋子处于协调配合的联动状态，才是开局当中排兵布阵的主导思路。违背开局基本原理，冒失把自己的王暴露出来会令棋局处于极大的风险之中。

♟ 要点2：把握好出子节奏

快速出动子力，积极抢占中心，瞄准对方的王制订进攻计划。对局过程中，有时棋手不知不觉把这些从最开始学棋就

明白的棋理抛到一边，按照自己的想法进行发挥，造成开局的出子节奏被打乱，当然不会得到理想的局面。

1.e4 e5 2.马f3 马c6 3.d4 e×d4 4.马×d4 象c5 5.象e3（图3）

图3

这是一个相对稳健的开局变化，双方的马和象都处于兑换状态当中，预示着双方将对棋盘的中心区域展开争夺。

5...后f6

黑方不满足于5...象×d4 6.象×d4 马×d4在中心大量兑换棋子的走法，那样将形成白方略占优势的局面。例如接下来经过7.后×d4 后f6 8.e5 后b6 9.后×b6 a×b6 10.马c3（图4）的变化，白方在空间和出子速度方面均略占上风。

图4局面中，随着后被兑换战局似乎一下子变得平稳起来。不过，我们仍能感受到白方空间上和子力出动方面的主动，黑方还需要解决白方e5兵压住了中心的问题。

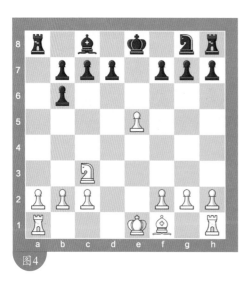

图4

6.c3（图5）

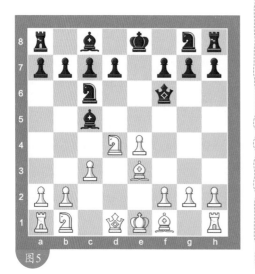

图5

白方用兵加强中心。当双方的棋子纠缠在一起时，小兵的支撑保护作用得以发挥。

6...马ge7 7.象c4（图6）

图6

白方把象走到c4的目的是阻止黑方在中心存在冲兵d5的可能。

7...马e5

黑方针锋相对采取应对措施，驱赶白方c4象去往其他位置。棋局你来我往过程中，双方棋手的思想贯穿在走出的每一步棋中。

8.象e2 d5（图7）

黑方挺进d兵的计划终于实现。不过此时黑方的e5马看似主动，却很容易遭受白方f兵的攻击。

图7

吸引对方的棋子走到容易受到攻击的位置正是白方前面走象到c4的目的。

9.0—0

白方先把王走到安全的位置，不着急攻击黑方的e5马。

9...h5??

黑方对e5马的位置心中并不踏实，挺兵h5的目的在于为黑马建立一个g4格的据点，同时在王翼上有所行动。不过，显然黑方在此的判断出现失误，没有想到白方突然而至的攻击手段。

代替9...h5的走法是9...0—0，经过10.马d2 象b6 11.a4 c5的变化之后，形成一个复杂的局面。

10.马b5!

抓住黑方王在中心的弱点，白方迅猛出击。

10...后b6 11.象×c5 后×c5
12.后d4!（图8）

图8

白方充分利用了黑方e5马位置存在的缺陷，看似一步普通的兑后邀请，但是黑方却无法挽回丢子的败势棋局，在12...后×d4 12.c×d4之后，黑方c7兵和e5马同时受攻，无法兼顾防守任务。

利用黑方棋子间出现配合不协调的弱点，白方抓住机会一举出击获得成功。

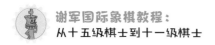

要点3：注重子力间配合

1.e4 e6 2.d4 d5 3.马c3 马f6 4.象
g5 象b4（图9）

双方的象都起到牵制对方马的作用，现在白方的e4兵要在兑换d5兵和挺进到e5两个选择之间做出决定。

图9

5.e×d5

白方选择了兑换的稳健下法。5.e5将迎来黑方5...h6的反击，形成复杂的局面。

5...后×d5

因为白方的c3马被黑象牵制，现在黑后可以走到d5格。

6.象×f6 g×f6 7.后d2

白后挡在a5~e1斜线上，现在白方威胁用马消灭黑方的d5后了。

7...后a5（图10）

图10

黑后及时躲开。现在黑后与b4格的黑象形成很好的配合，共同在a5~e1斜线上牵制白方的子力。形成图10的局面，黑后的出动就不是过早，而是刚刚好。因为黑方的棋子之间配合默契，形成了合力。

要点4：开局原则

开局千变万化，需要棋手临场时冷静判断之后做出合理的决策。在这个过程中，棋手需要掌握一些开局原则，或者称之为"开局注意事项"。

（一）没有必要时，不要重复走动一个棋子。不要幻想从棋局一开始的阶段就能获得优势，遵循棋理制订计划。

（二）避免低级错误和激进冒险的走法，不要用很少数量的棋子贸然展开进攻，因为这样的行动很容易被对方击退，还会影响己方其他棋子出动的速度。

（三）当对手采取弃子争先的战法时，如果有必要应该在适当的时候送回去，不要"舍不得"，因为对手的棋子不是白给的，而是有其特殊的目的。

（四）及时易位，使王能进入安全区域，让车投入战斗。

课后作业

1　复习本课知识内容，加强对棋子之间协调配合行动的认识。

2　思考开局当中应该如何做才能瞄准对方阵营中的弱点，实现调动更多子力协同作战的好办法。

3　按照训练计划完成本书的习题。

冠军课堂

棋局从来不是单打独斗的过程，而是将合适的棋子放在重要的位置上，机会降临时达到棋子之间相互配合共同发力攻击目标的作用。一些棋手对威力大的重子情有独钟，一些棋手担心重子出动会遭受进攻而把注意力都放在轻子身上，一些棋手只关注自己想要实现什么计划，完全忽视了对手的行动会带来的影响。开局出子不存在走到哪个位置最好，重要的是棋子能够协同作战发挥功效，独来独往的棋子即便冲入对方阵营也难以形成有效的进攻。

将军练习

将军是对王发生攻击叫吃威胁，后、车、马、象、兵棋子当中任意一个棋子都可能制造将军，也可能两个棋子同时将军（双将）。被将军后必须马上应对。

白先走将军，请你将白方将军的着法写出来。

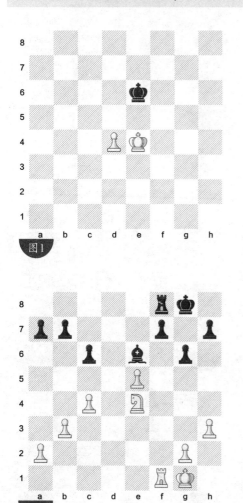

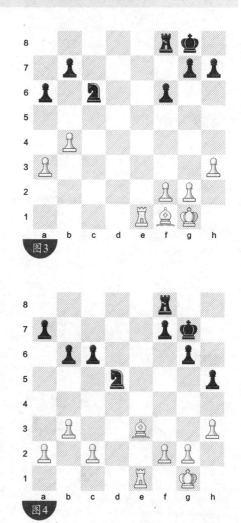

白先走将军，请你将白方将军的着法写出来。

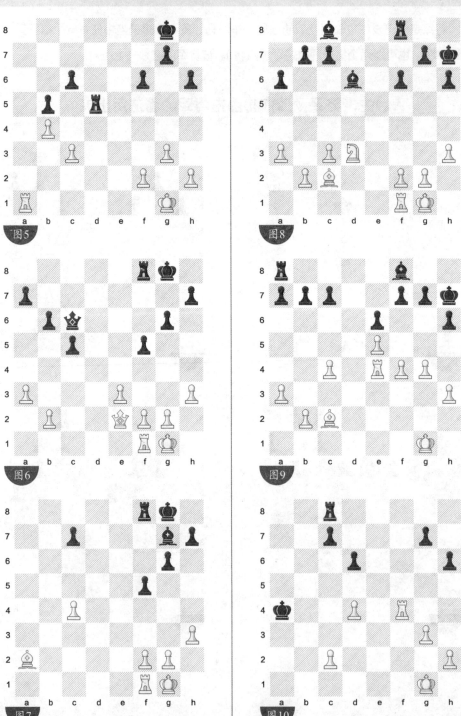

图5

图6

图7

图8

图9

图10

黑先走将军，请你将黑方将军的着法写出来。

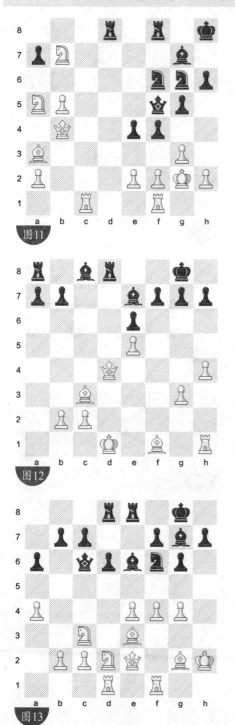

图11

图12

图13

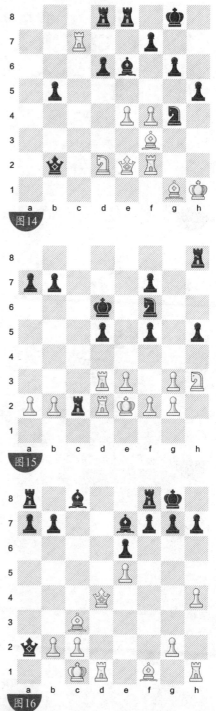

图14

图15

图16

黑先走将军，请你将黑方将军的着法写出来。

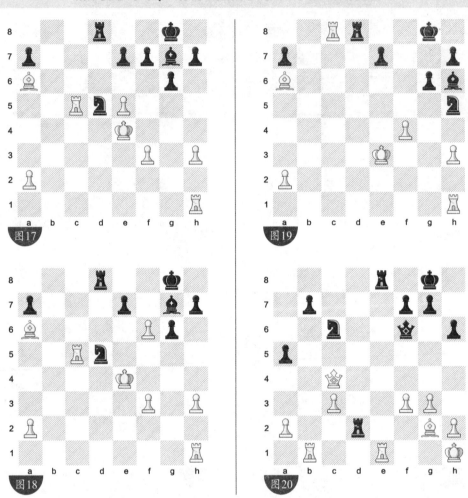

应将练习

应将分为消将、垫将和避将3种，被将军一方需要在这3种方式中找到合理的应对方案。

白先走应将，请你将白方消将的着法写出来。

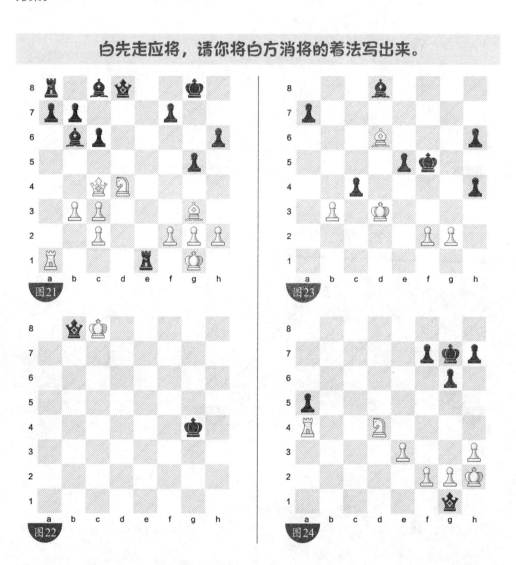

白先走应将，请你将白方垫将的着法写出来。

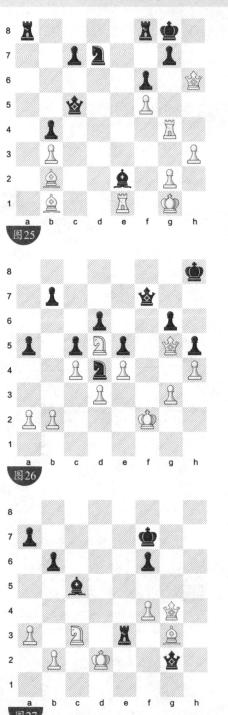

图25

图26

图27

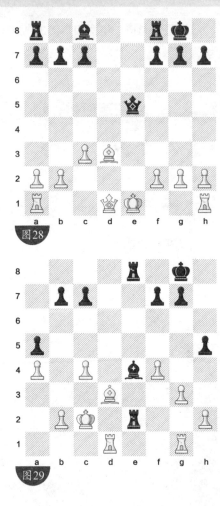

图28

图29

白先走应将，请你将白方避将的着法写出来。

图30

图31

图32

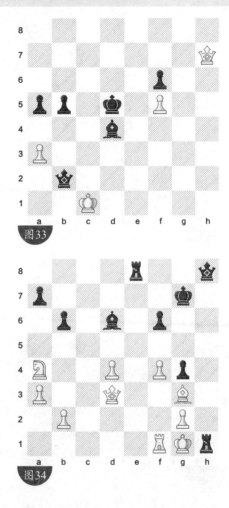

图33

图34

黑先走应将，请你将黑方消将的着法写出来。

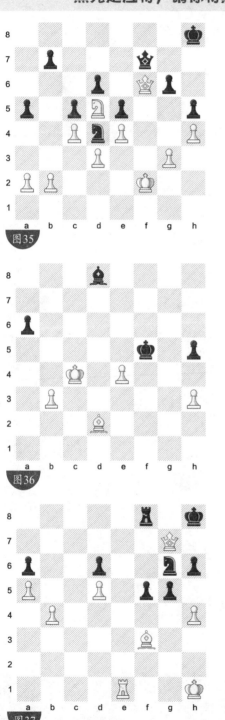

图35

图36

图37

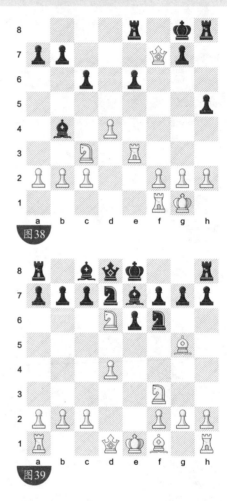

图38

图39

黑先走应将，请你将黑方垫将的着法写出来。

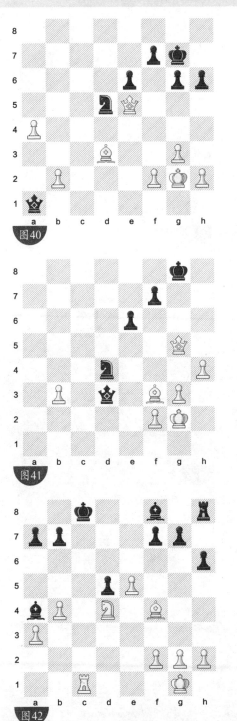

图40

图41

图42

图43

图44

黑先走应将，请你将黑方避将的着法写出来。

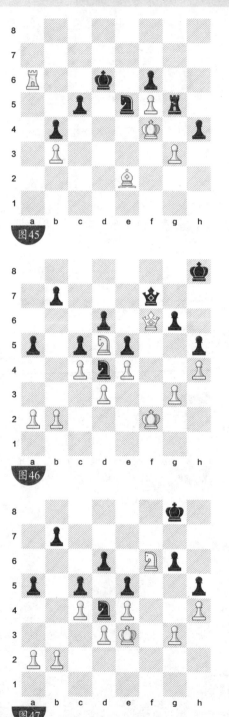

图45

图46

图47

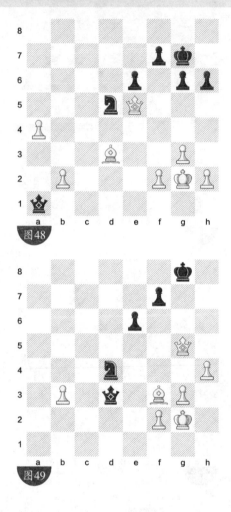

图48

图49

将杀练习

将杀王是决定棋局结果的关键步骤，具有一剑封喉的作用。

白方先走将杀，请你将白方将杀的着法写出来。

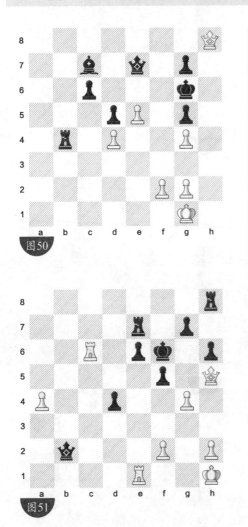

图50

图51

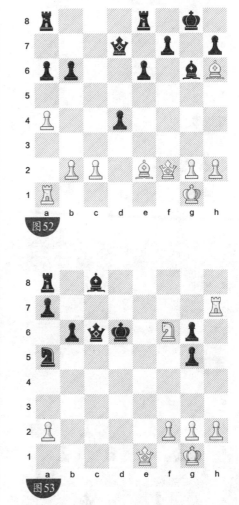

图52

图53

将杀练习

白方先走将杀，请你将白方将杀的着法写出来。

图54

图55

图56

图57

图58

图59

黑方先走将杀，请你将黑方将杀的着法写出来。

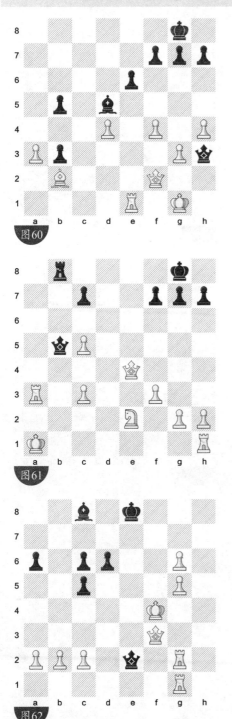

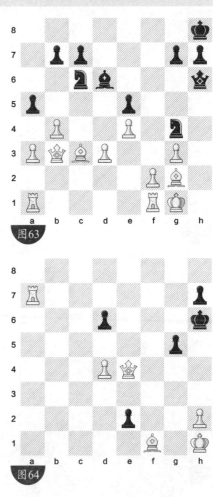

图60

图61

图62

图63

图64

黑方先走将杀，请你将黑方将杀的着法写出来。

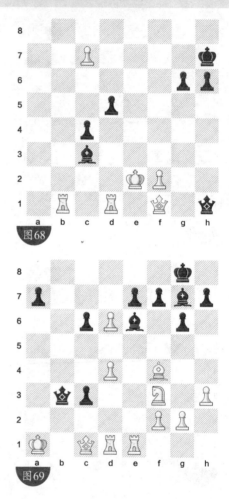

吃子练习

吃子是消灭对方战斗力的有效方法，吃子的前提是攻击对方阵地上的目标。

白方先走，请你找到白方捉吃黑方棋子的安全走法，并将答案写出来。

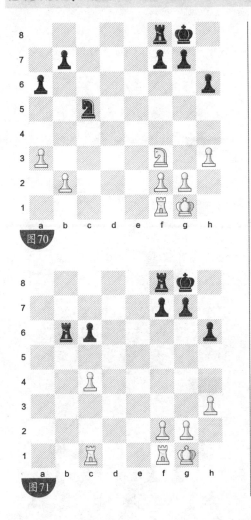

图70

图71

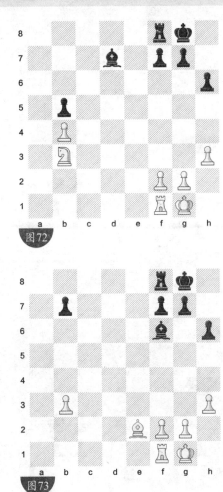

图72

图73

白方先走，请你找到白方提吃黑方棋子的安全走法，并将答案写出来。

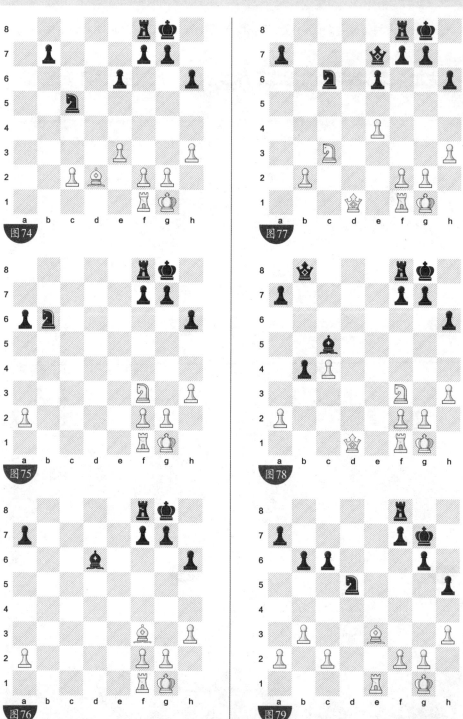

多个重子杀王练习

白先走将杀，请你在10个回合之内完成，并将着法写出来。

注意逼和情况发生！

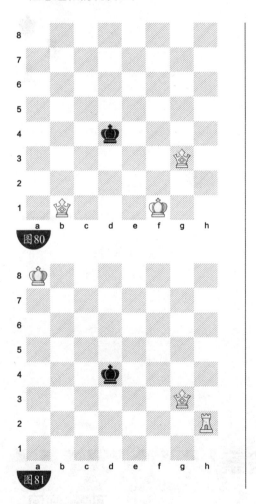

图80

图81

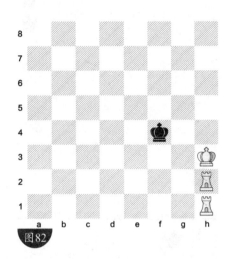

图82

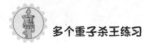

多个重子杀王练习

黑先走将杀，请你在10个回合之内完成，并将着法写出来。

注意逼和情况发生！

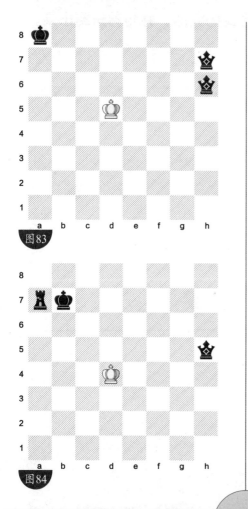

图83

图84

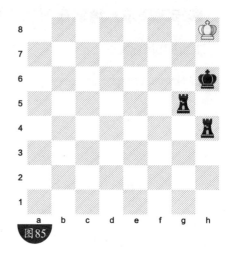

图85

答案

扫码添加"阿育"为好友

回复【61057答案】获取

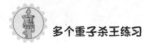20